石けんとワセリン
だけでOK

化粧品を使わず
美肌になる!

宇津木龍一
クリニック宇津木流院長

はじめに

宇津木流スキンケアは、基礎化粧品や洗顔料、クレンジング剤をいっさい使わず、水だけで洗顔するきわめてシンプルな方法です。12年以上にわたり、患者さんたちの肌をマイクロスコープで観察し、確立してきました。その効果は多くの患者さんたちの肌で実証済みです。肌質を問わず、誰もが自分史上最高の肌になれる、もっとも確実な方法といえます。昨年上梓した『「肌」の悩みがすべて消えるたった1つの方法』を読んでくださった方からも、「肌の調子がよくなった」「快適になった」と、喜びの声を数多くいただきました。

とはいえ、化粧品をすぐにやめられない人もいます。化粧品に長年依存してきた人が急にやめると、乾燥肌や脂漏性《しろうせい》皮膚炎《ひふえん》といった皮膚トラブルが起こることがあるのです。

脂漏性皮膚炎の原因のひとつに、化粧品に含まれる防腐剤があります。顕微鏡で見ると、病原菌から皮膚を守る常在菌《じょうざいきん》のバランスがくずれ、トラブルを起こしているようすがうかがえます。

そもそも化粧品は、健康な皮膚の状態をさらによくするためにつけるものです。つけ続けていないとトラブルが発生するようなら、皮膚に何か重大な問題が起こっている可能性があります。化粧品をやめられないのは、依存症の一種と考えられます。化粧品の量を徐徐に減らして依存症から脱するか、化粧を完全にやめて、必要に応じた対処をしながら、改善するのを気長に待つしかありません。

いずれにせよ、炎症や乾燥肌を改善し、皮膚常在菌を再生させて皮膚を健康に鍛え直す必要があります。安易に化粧品を使う生活に戻り、症状をごまかし続けていても、皮膚病や老化が進むだけです。

私の専門はシミ、シワ、たるみの予防と治療ですが、皮膚の健康は、肌老化の予防と治療にとっても不可欠です。

皆さんの肌が健康をとり戻し、いつまでも美しく輝き続けることを、心から祈っています。

クリニック宇津木流院長　宇津木龍一

CONTENTS

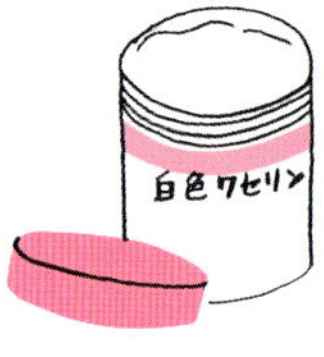
白色ワセリン

CONTENTS

CONTENTS

注意

本書のスキンケア法はほとんどの肌質の人に適した方法です。アトピー性皮膚炎をはじめとする皮膚の病気、敏感肌の人にもおすすめです。ただし、あくまでスキンケア法であり、治療法ではありません。万が一、以下のような症状が悪化したり、なかなか改善しないときは、無理せず皮膚科を受診してください。

- **強いかゆみがある（かきむしってしまうレベル）**
- **肌が赤くなり、ヒリヒリしている**
- **乾燥がひどく、皮むけがおさまらない**
- **皮膚炎の症状が悪化している**
- **上記以外で、いままで生じたことのない、あきらかに異常な症状**

スキンケアをやめると美肌力がよみがえる!

美肌のためにスキンケアは必要ありません。
何もつけない「宇津木流スキンケア」を始めると、肌本来の保湿機能がよみがえり、
キメ細かく美しい肌が手に入ります。

スキンケアアイテム

- 化粧水
- 乳液
- 美容液
- クリーム
- クレンジング
- 洗顔料

total
¥20,000 前後

化粧品で熱心にケアしている人ほど、乾燥、肌荒れ、くすみなどのトラブルが多い。どんなに高価な化粧品を使っても、結果は同じ。

トラブルだらけの不健康な肌

【マイクロスコープの画像所見】

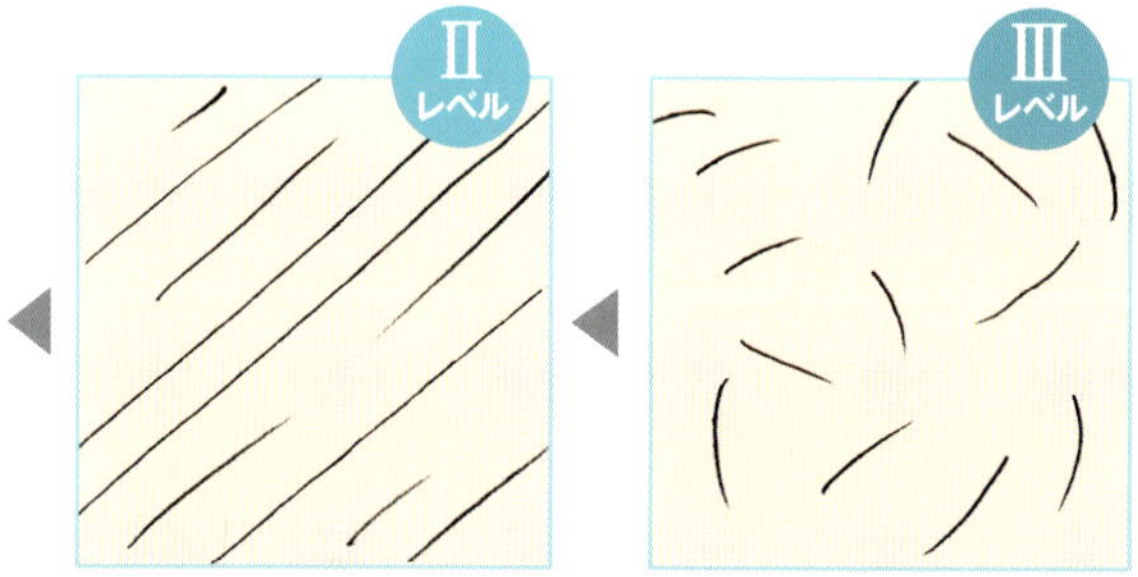

一方向にのみキメがある

キメがまったくない

スキンケアに熱心な人の多くは、肌の健康度、美しさの指標であるキメ(皮膚表面の溝)が失われている。最悪の「Ⅲレベル」は、やけどが治った直後や水ぶくれと同じ状態。

透明感　うるおい

均一な肌色　美白

＝

エイジレス美肌

乾燥、肌荒れなどのトラブルがなくなり、すっぴんで出かけられる美肌になる。肌がふっくらと厚くなり、たるみやシワの予防効果も高い。ワセリンと純石けんしか使わないシンプル生活で、気分まですっきり！

スキンケアアイテム

・白色ワセリン
・純石けん

total
¥500 前後

宇津木流スキンケア

健康な美肌

スキンケアをやめると、キメが徐々によみがえり、「Ｉレベル」「０レベル」の健康な美肌になる。過剰なケアで薄くなった肌がふっくらし、本来の厚さをとり戻す。

三角の細かいキメがありふっくらしている

えんぴつで書いた線のような浅いキメがある

実践 宇津木流スキンケア

「私たち、スキンケアやめました!」

宇津木流スキンケアをはじめると、肌はどのように再生していくのでしょう。
肌タイプ別の経過を、モデルケースで見てみましょう。

インナードライ肌 A子の場合

皮脂量が多い一方で、乾燥も気になる。俗にいう「インナードライ肌（混合肌）」。毛穴の開きや赤み、色ムラがめだつため、毛穴用化粧品で熱心にケアし、外出時はコンシーラーなどで隠してきた。

私の肌は、典型的なインナードライ肌。化粧品をやめたら、もっとカサつくんじゃないかと心配です

A子
（32歳・OL）

Before

朝
- 洗顔フォームで顔を洗う
- 毛穴用化粧水、乳液を塗る
- 日焼け止め、コンシーラー、リキッドファンデを塗る

夜
- クレンジングオイルでメイクを落とす
- 洗顔フォームで顔を洗う
- 毛穴用化粧水、乳液、美白美容液を塗る
- 週１～２回、シートマスクで保湿

⇩

After

朝
- 水洗顔

夜
- 水洗顔＋たまにワセリン

悩み1 毛穴がめだち、コンシーラーで隠さずにはいられない

悩み2 メイクを落とすと、赤み、色ムラがひどい

悩み3 皮脂量は多いのに、乾燥、つっぱり感がひどい

※P12～16で紹介しているモデルケースは、肌の状態が順調に改善した場合の代表例です。経過には大きな個人差があります。

毛穴が炎症で赤くなり、
盛り上がっている
Start
Ⅲレベル
肌のキメは
まったくない

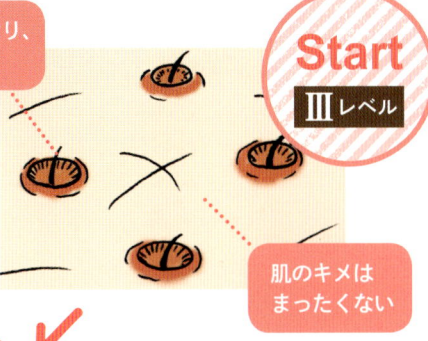

マイクロスコープで見た、開始時のＡ子の肌。化粧品の成分で毛穴が炎症を起こし、赤くなっている。キメはほとんどなく、保湿機能や、外部刺激から肌を守るバリア機能が失われている。

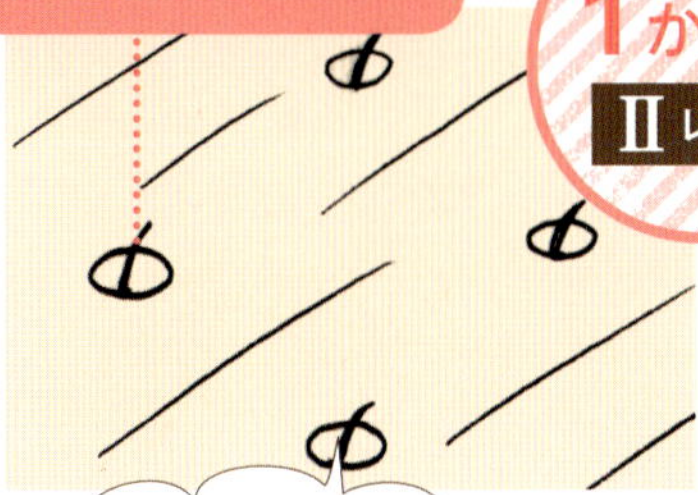
毛穴の炎症がおさまり、
赤みも消えた
1か月後
Ⅱレベル

開始から２週間ほどは乾燥に悩まされるが、１か月後にはおちつく。毛穴の炎症ははっきりと改善され、肌の赤みも気にならなくなる。

A子's comment

携帯用マイクロスコープ（→P90）で肌を見てみたら、前の肌との差は歴然！「この方法でいいんだ」と自信をもてました

キメが細かく
規則的になった
3か月後
Ⅰレベル

格子状のキメがうっすらとあらわれている。くすみがとれて、「肌がキレイになった」とほめられるようになる。

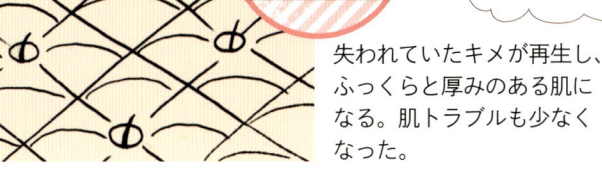

1年後
Ⅰ~0レベル

テカリ、赤み、乾燥が
まったくなくなりました！　いまはすっぴん
で出勤してます

失われていたキメが再生し、ふっくらと厚みのある肌になる。肌トラブルも少なくなった。

敏感肌
B子の場合

乾燥がひどく、何を塗ってもヒリヒリして赤くなる「敏感肌」タイプのB子。自分の肌にあう化粧品を追い求め続け、化粧品使用歴は20年以上。メイクさえしていればツヤがあり、美しいといわれるが、メイクを落とすと肌の赤み、乾燥、小ジワがめだつ。

スキンケアには人一倍投資しているし、肌をほめられることもよくあります。でも、メイクを落とすとボロボロで……

B子
(40歳・エステティシャン)

悩み1 乾燥、つっぱり感がひどい。クリームを塗らずにはいられない

悩み2 くすみ、たるみ、小ジワがめだってきた

悩み3 メイクを落とすと赤みがひどく、すっぴんは絶対NG

Before

朝
- 化粧水で汚れをふきとる
- アンチエイジング用化粧水、乳液、美容液を塗る
- 日焼け止め、化粧下地、ベースカラー、リキッドファンデを塗る

夜
- クリームクレンジングでメイクを落とす
- 固形石けんで洗顔する
- アンチエイジング用化粧水、乳液、クリームを塗る
- 美顔器でマッサージ。月2回はエステを受ける

After

朝
- 水洗顔
- フェイスパウダーを塗る

夜
- 純石けんで洗顔
- ワセリンをごく少量つける

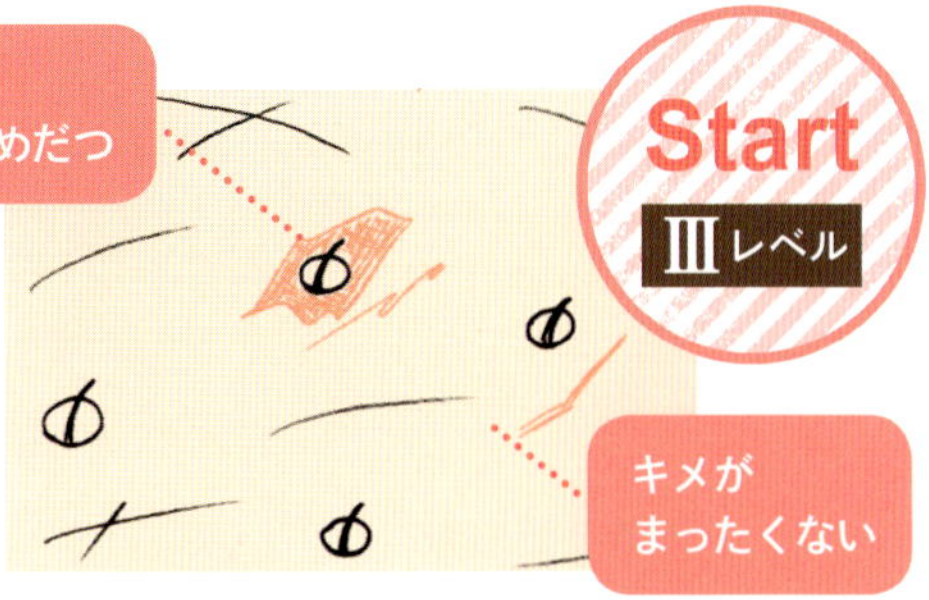
マッサージなどによる
毛穴の傷あと、赤みがめだつ

キメが完全に失われていて、傷あとやたるみもめだつ。肌がかぶれやすいのは、化粧品によって肌のバリアが壊れているから。

わずかに凹凸が
あるがキメはない

化粧品をやめたとたん、本来の肌の状態があらわになり、ガサガサ、粉ふきに悩まされる。過剰なスキンケアを長年続けてきた人は、このような症状に悩まされることも。

キメが回復してきて、乾燥もやや改善。さわった感じはカサカサしている。ただしクリームのツヤ感に慣れているため、何かものたりなく感じられ、化粧品を塗りたくなることも。

B子's comment
乾燥、つっぱり感がおちついてきました。でも、肌にツヤがなくて不安でした

時間はかかったが、２～３年後にはキメが改善。肌が健康になり、正常な厚みをとり戻したため、くすみ、小ジワ、たるみなどの肌老化が気にならなくなってきた。

ニキビができては
消えるというくり
返しで悩んでます

オイリー肌
C子の場合

C子
(25歳・OL)

悩み1 ニキビができやすい。とくに生理前に大きなニキビができる

悩み2 皮脂が多く、テカリやすい

悩み3 毛穴の開き、デコボコがめだつ

皮脂量が多く、ニキビができやすいオイリー肌。アルコール入りのオイリー肌用化粧品、ニキビ用化粧品、ピーリング剤、抗生物質など、さまざまなケアや治療を試してきたが、いっこうに改善しない。

Before

朝
・ニキビ用石けんで洗顔
・オイリー肌用化粧水、乳液を塗る
・日焼け止め、パウダーファンデを塗る

夜
・泡のクレンジング剤でメイクを落とす
・ピーリング剤入り石けんで洗顔
・オイリー肌用化粧水、乳液を塗る

After

朝 ・水洗顔
夜 ・純石けんで洗顔

毛穴が炎症を起こし、
赤いニキビができている

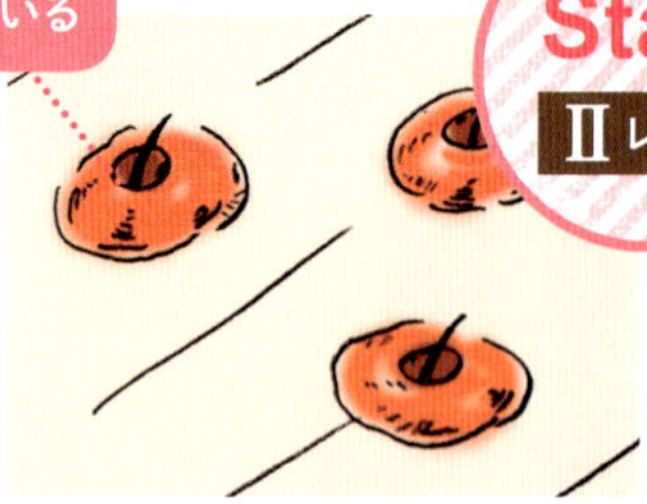

Start
Ⅱレベル

キメがなく、毛穴のまわりが盛り上がっている。毛穴の中では皮脂が酸化し、大きなニキビに発展している。化粧品の使用、洗いすぎが原因。

よけいなケアで、
ニキビを悪化させ
ていたことに気づ
きました

3~5年後
0レベル

化粧品をやめ、水洗顔に替えただけで皮脂量が大幅に減り、毛穴も小さくなった。肌のデコボコも改善し、肌がやわらかく変化。たまに白いポツポツができるが、ニキビに発展することは少ない。

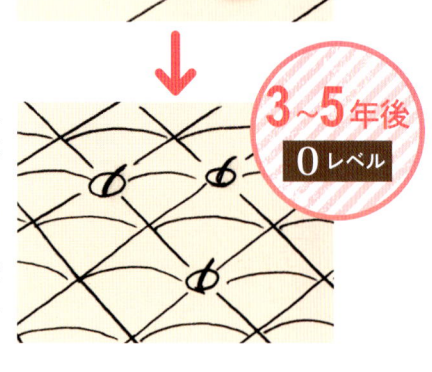

Part
1

0分でできる！
肌断食プログラム

肌を美しくするには、
肌への刺激をなくすしかありません。
クレンジングも化粧品もきっぱりやめて、
赤ちゃんのような
美しい素肌をとり戻しましょう。

化粧品をやめるだけで美肌になれる

時間とお金をかけて肌バリアを壊している

宇津木流スキンケアは、すべての化粧品をやめて、健康で美しい肌をとり戻す方法です。

私たちの肌には、天然の自家保湿因子が備わっています。さらに皮膚にすみついている細菌（常在菌《じょうざいきん》）も、肌を病原菌から守るバリアとして機能しています。

化粧品にもさまざまな美容成分が含まれていますが、長期的に見ると肌内部の保湿機能を高めるどころか、壊す機能しかありません。

しかも、パラベンなどの強力な殺菌剤（→P77）が防腐剤として含まれているため、肌の健康を守る常在細菌叢まで破壊されてしまいます。

宇津木流スキンケア

1 つけない

化粧品に含まれる保湿成分は、肌内部のうるおいにはならない。肌の保湿バリアを守るには、何もつけないのが正解。

2 こすらない

化粧品を塗ったり落としたりするたびに、肌本来の保湿因子がはがれ落ちている。クレンジング、マッサージ、パックなどのケアは、すべてやめる。

3 洗いすぎない

クレンジング剤や洗顔料に含まれる大量の界面活性剤《かいめんかっせいざい》(※)は、肌の構造を破壊してしまう。水だけで洗顔すれば、肌に負担がかからない。

保湿因子を含む肌バリアがよみがえり、肌トラブルがなくなる

何も塗らなければ肌は必ずキレイになる

肌が荒れて、皮膚科に行ったときのことを思い出してみてください。「炎症がおさまるまで、よけいなことはしないように。化粧品もなるべくつけないでください」。これが、肌荒れに対する皮膚科医の答えです。

　つまり化粧品は、肌荒れを悪化させる刺激物でしかありません。

　マッサージなどで肌をこすったり、クレンジング剤、洗顔フォームで汚れを落としたりする習慣も、いますぐやめましょう。肌の自家保湿因子をこすり落とし、大切な肌バリアを壊してしまいます。水だけで洗顔すれば、化粧品をつけなくても、肌が乾燥してつっぱることはありません。

※界面活性剤…ほとんどの基礎化粧品に含まれている成分。油分と水分を混ぜ合わせるために乳化剤として使われる場合と、クレンジング剤、洗顔フォームなどの洗浄料として使われる場合がある。人工的につくられた合成界面活性剤は、肌バリアを壊す作用が強力。

化粧品断ちが不安な人は週末の肌断食を試してみる

朝の洗顔では、いつもの洗顔料を使わず、水だけで洗顔（→ P22）。

洗顔後は、化粧水、乳液などを何もつけず、そのまま過ごす（→ P26）。

手抜きした日のほうが調子がいいのはなぜ？

休日などにスキンケアをさぼった経験は、誰しもあるでしょう。だからといって肌の調子が悪化するわけではなく、いつもと変わらないか、いつもより調子がよいものです。

メイクをしない日はとくに、肌の状態がよくなります。

それでも多くの人が、「何も塗らないと、肌がボロボロになる」といって、スキンケアをやめるのをこわがります。長年信じてきた美容常識とは、真逆の方法だからです。

化粧品断ちが不安な人は、まず週末に予行演習をしてみましょう。

何も塗らないほうが調子がよいと、あらためて実感できるはずです。

ファンデーションを塗らない。日焼け止め、化粧下地などもNG（→ P28、30）。

カサつき、ベタつきがなく、肌がサラサラ

化粧品でていねいにケアした日より、肌の状態がよいことが実感できる。

肌がつっぱる気がしても塗らずにがまんする

朝起きたら、水だけで顔を洗い、化粧水も乳液もつけずに過ごします。肌がつっぱるような気がしても、30分～1時間ほどたてば気にならなくなります。サラサラした質感の、健康な素肌が一日じゅう続きます。

その気持ちよさを実感できたら、何もつけずに過ごす日を少しずつ増やしていってください。

ただし肌がバリバリに乾燥する、真っ赤になる、ヒリヒリするなどの症状が出た人は、要注意。化粧品に長年依存してきたために、重度の肌トラブルが起きていると考えられます。Part2の方法で、化粧品を段階的に減らしていきましょう。

朝のケア

朝は水洗顔だけ。「手のひらウェーブ」でやさしく洗う

ていねいに洗うほど毛穴が大きくなる

汚れや皮脂を徹底的に落としてから、美容成分を入れる――。これがいままでのスキンケアの常識でした。

しかし、汚れや皮脂を徹底的に落とそうとすると、肌表面の保湿バリアが壊れてしまいます。そのため肌が乾燥し、洗顔後に化粧品を塗らずにはいられなくなるのです。

毛穴の開き、顔のテカリも悪化します。皮脂を補おうとして、皮脂腺《ひしせん》が肥大するためです（→Ｐ１０２）。

さらにスクラブ洗顔料などを使うと、毛穴まわりに傷（瘢痕《はんこん》）ができ、肌表面のデコボコが長く残ります。

きめこまかな美肌になるには、まず、過剰な洗顔をやめることです。

顔の皮脂は〝ぬるま水〟で落とせる

夜のうちに皮脂腺から出た皮脂は、時間とともに酸化して過酸化脂質《かさんかししつ》に変性し、肌を傷つけます。そのため朝の洗顔では、過酸化脂質をキレイに落とす必要があります。

過酸化脂質は、お湯だけで十分落とせます。33℃以下の〝ぬるま水《みず》〟を手にため、顔にかるく押しあてて、水の振動で洗ってください。

ただし肌表面の角質細胞（→P74）は１００分の１㎜ほどの小ささで、わずかな刺激でも壊れます。手を強く押しあてたり、こすったりするのは禁物。シャワーをあびるときに顔を洗う人は、シャワーを勢いよくあてないようにしましょう。

水の振動だけで洗う
「手のひらウェーブ」テクニック

1 ぬるま水を両手にためる

水を両手にためる。水の温度が体温より高いと、肌の保湿因子が流れ出てしまうので、必ず33℃以下で。

肌バリアを壊さないよう、やさしくあてる

2 手を押しあててこまかく動かす

ぬるま水をためた手を顔にかるく押しあて、手の力をやや強めたりゆるめたりをくり返し、水の動きで洗い流す。

耳カスのような垢（垢と菌塊《きんかい》）は、できるだけ洗い落とす

3 ベタつくときは「うぶ毛洗い」

Tゾーンなどのベタつき、ヌルヌルが気になるときは、うぶ毛をなでる感覚で、指の腹でやさしく洗う。垢《あか》がたまらないように洗うことが、何より重要。

朝のケア

やわらかいタオルで水分をそっと吸いとる

タオルでこすると肌バリアが壊れる

　洗顔後は、水分が肌に残らないよう、ていねいにふきとります。肌に水分が残っていると、蒸発するときに角質細胞がカールしてめくれ、肌が乾燥してしまいます（→P27）。

　こする刺激も肌の乾燥につながるので、タオルをやさしく押しあてて、水分をそっと吸いとるのがコツです。

　使いこんだタオルほど吸水力が高いので、新品のタオルは1～2回洗濯してから使うとよいでしょう。

　タオルを洗う洗剤にも注意が必要です。合成洗剤には、肌バリアを壊す合成《ごうせい》界面活性剤《かいめんかっせいざい》が含まれています。合成界面活性剤を含まない純石けん（→P40）を使うようにしてください。

タオルは純石けんで洗う

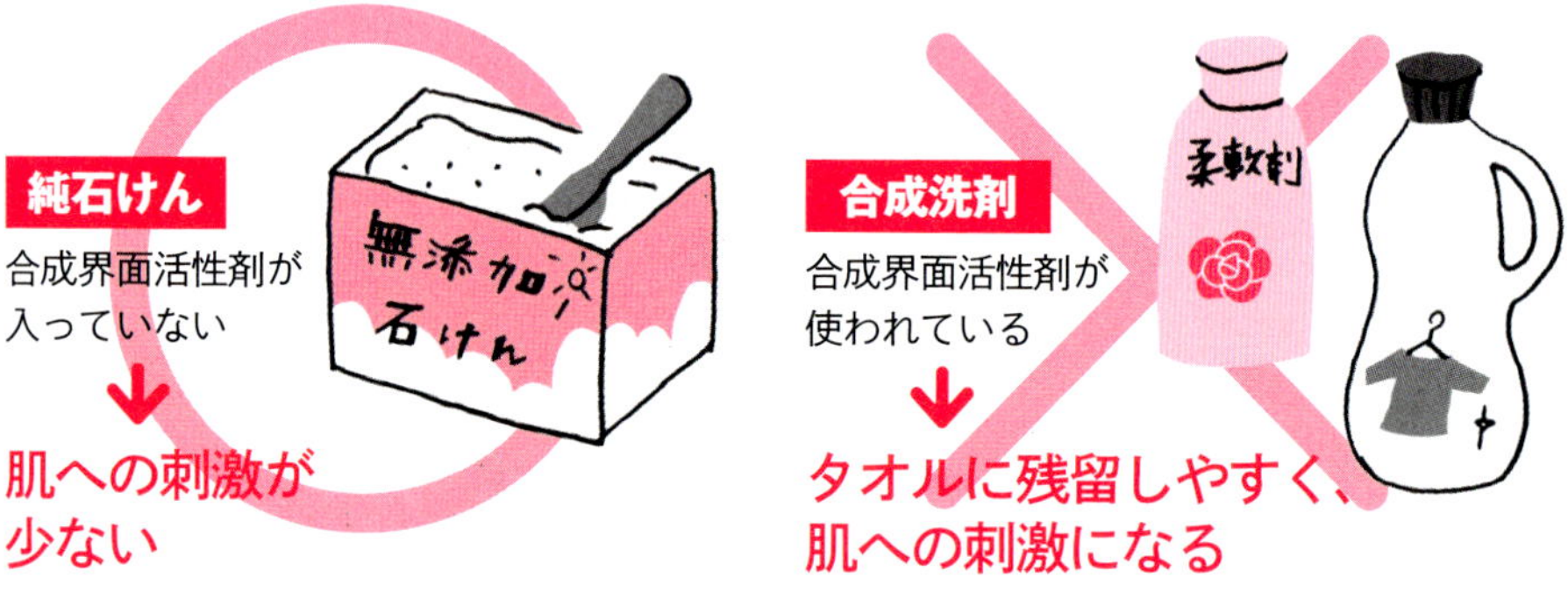
純石けん
合成界面活性剤が入っていない
肌への刺激が少ない
無添加石けん
合成洗剤
合成界面活性剤が使われている
タオルに残留しやすく、肌への刺激になる
柔軟剤

使いこんだタオルで水分を残さずとる

使いこんだやわらかいタオルを3～5秒間あて、水分を吸いとる。水分が残らないよう、髪の生えぎわまでていねいに。

髪の生えぎわも水分を残さないようにふく
3～5秒間、しっかり押しあてる

Column

ふいたあと、ややベタついても気にしない

美肌のカギは、肌バリアを守る適度な洗顔です。皮脂が完全になくなるほど洗うと、保湿バリアが壊れてしまいます。洗いたりないからといって、洗顔料で洗い直したりしないでください。ただし垢《あか》が白く残りすぎているのもよくありません。ヌルヌルしない程度には、きちんと洗いましょう。

朝のケア

化粧水、乳液、化粧下地は使わない

化粧水をつける

角質細胞と細胞間脂質が肌表面をラップのようにおおい、保湿バリアとして機能している。そこに化粧水をつけると……。

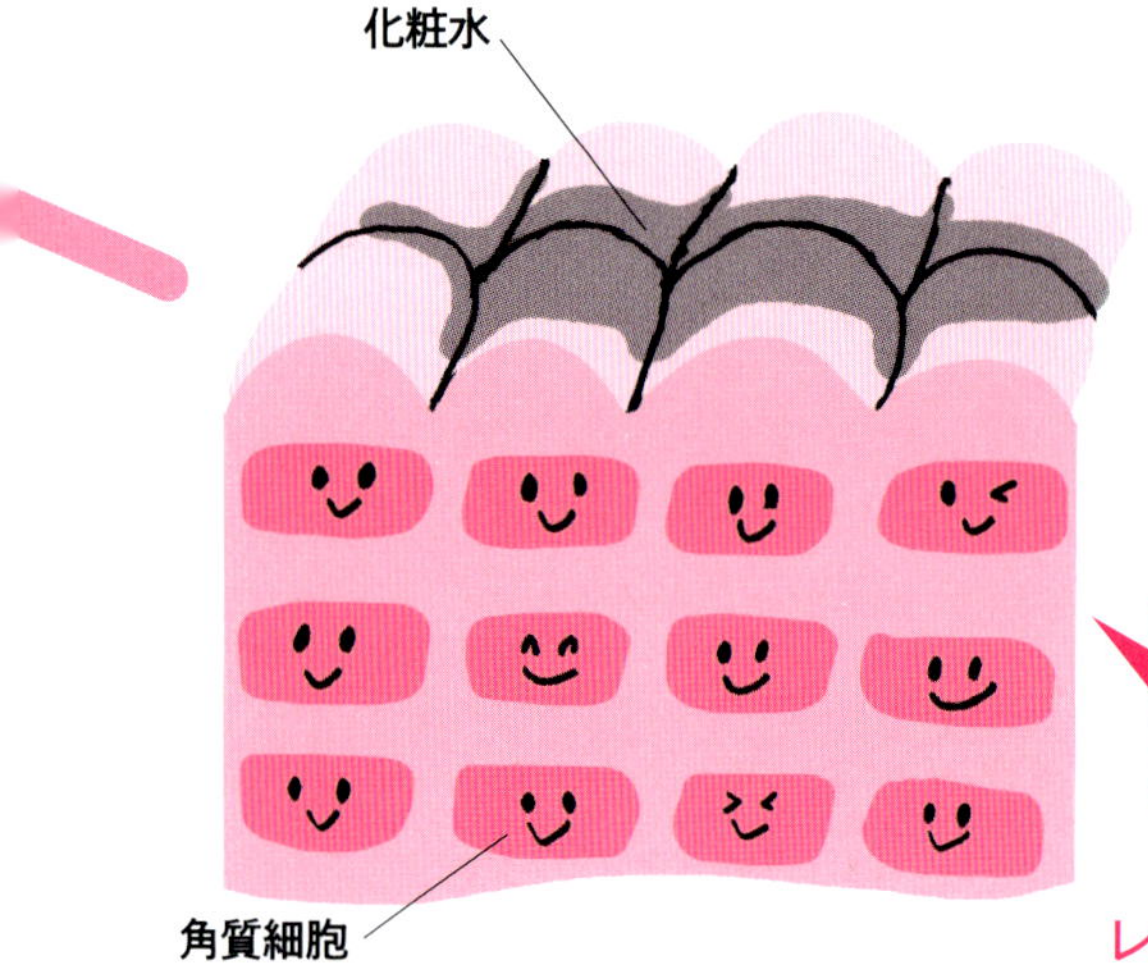

細胞のすき間を細胞間脂質が埋めている

＝

レンガ＋モルタル構造

化粧水や乳液が肌の保湿機能を壊す

洗顔後には、化粧水も乳液もつけてはいけません。

化粧水をつけると、水分が蒸発するときに角質細胞がめくれ上がり、バリア機能が壊れます。さらにヒアルロン酸などの保湿成分が粉として残留し、肌内部の水分を奪います。

乳液を塗ると、乾燥はさらに悪化。水も油もとかす界面活性剤《かいめんかっせいざい》(→P19)が含まれているためです。

角質細胞中の水溶性《すいようせい》保湿成分、細《さい》胞間《ぼうかん》脂質《ししつ》に含まれる脂溶性《しようせい》保湿成分をとかし、角質の構造を破壊します。そもそもローション状の化粧品も、乳液、クリーム状の化粧品も、それ自体が界面活性剤として作用します。

1時間後

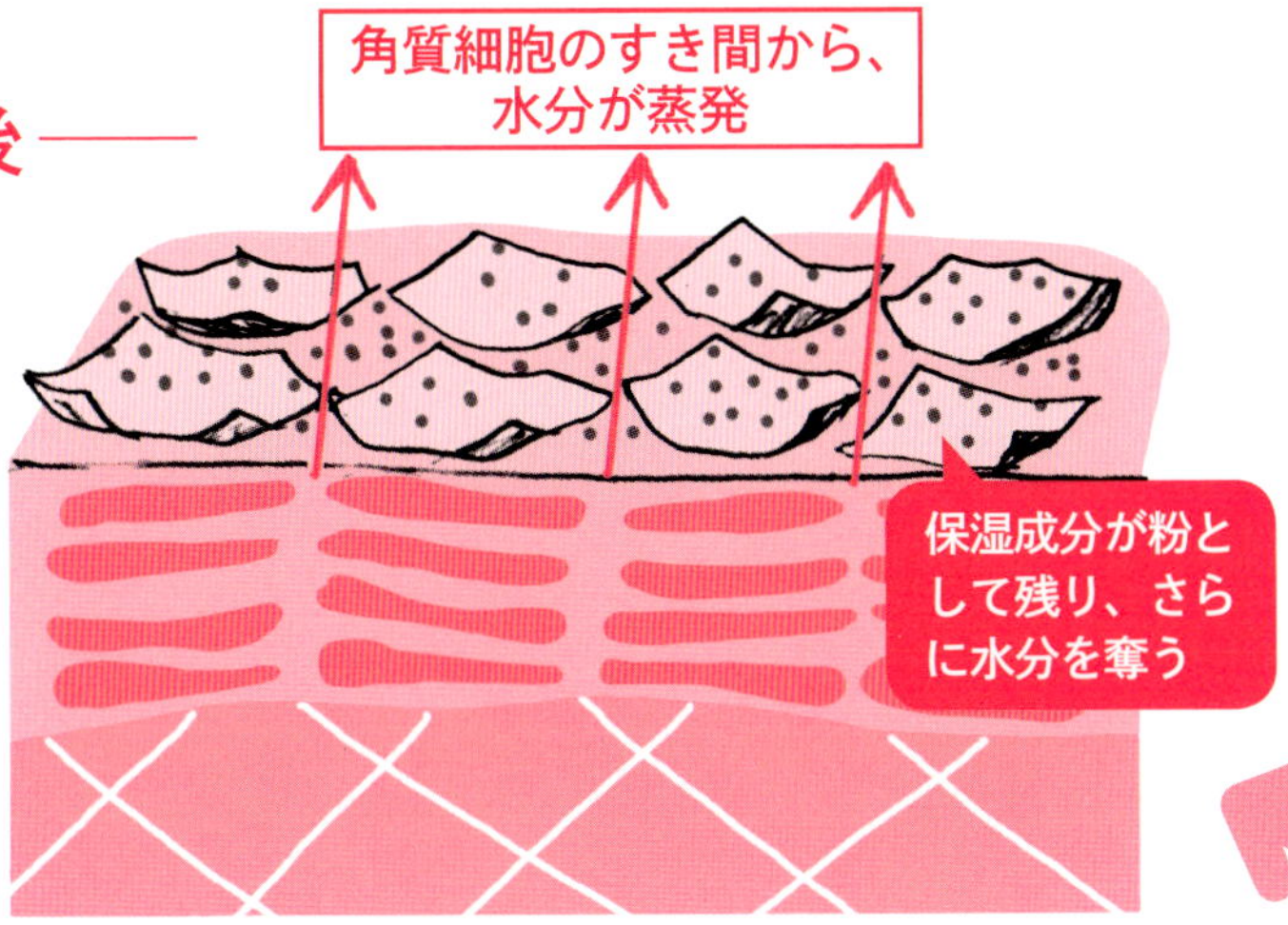
角質細胞のすき間から、
水分が蒸発
保湿成分が粉と
して残り、さら
に水分を奪う

化粧水の水分が蒸発するときに、角質細胞がめくれ上がり、肌が乾燥する。化粧水の保湿成分は粉として肌表面に残り、乾燥を悪化させる。

乳液、化粧下地を塗る

乳液
細胞のすき間に
入った成分は、洗
顔しても落ちない

乳液や化粧下地が細胞間脂質をとかし、角質細胞のすき間に入りこんで、保湿バリアを破壊し続ける。

肌バリアが壊れる

朝のケア

15分以下の日差しなら日焼け止めはいらない

塗らない害より塗る害のほうが大きい

紫外線によるシミ、シワなどの肌老化をおそれ、多くの女性が、日常的に日焼け止めを塗っています。しかし紫外線より、日焼け止めクリームのほうが、肌への害がずっと大きい可能性があります。

日焼け止めクリームには、ベースとなる基剤として、肌バリアを壊す界面活性剤《かいめんかっせいざい》が使われています。日常的に使うと、肌の乾燥や老化が進みます。

塗るときに肌をこする刺激も、乾燥やシワの原因になります。炎症による色素沈着で、シミもできやすくなります(→P31)。何度も塗り直せばそれだけ刺激になります。

日焼け止めのメリット、デメリット

メリット

・長時間の紫外線による日焼け、シミを防ぐ

＜

デメリット

・界面活性剤や、パラベンなどの防腐剤で、肌バリアが壊れる
・塗るたびに肌をこすり、いためる
・ビタミンDを合成できず、骨粗しょう症、免疫低下につながる

＜紫外線吸収剤入りの場合＞
・紫外線にあたると化学変化を起こし、皮膚刺激が強まる

＜ウォータープルーフの場合＞
・お湯だけでは落ちず、クレンジング剤で肌がいたむ

「肌を紫外線から守るメリットよりも、肌を傷つけるデメリットのほうが、ずっと多い。」

帽子や日傘、長袖の服で日焼けを防ぐ

帽子で紫外線をカット。全体に大きなつばがついたタイプがおすすめ
ボディの日焼けが気になる人は、夏でも長袖の服を着る
露出の多い服のときは、日傘で日焼けを防ぐ。色が濃いほうが効果が高い

帽子、日傘、洋服で物理的に紫外線をカットすれば、肌をいためずにすむ。

ヒリヒリしなければ紫外線にあたっても平気

日にあたる時間が1日15分以内なら、紫外線対策は必要ありません。健康のためには、むしろ1日5～10分間程度は日にあたることをおすすめします（→P82）。

直射日光に1日15分以上にあたるときも、日焼け止めは避け、上図のように日傘や帽子を使いましょう。

日差しに直接あたったとしても、夜になって肌が赤くなったり、ほてったりしなければ大丈夫です。

日焼け止めを使うのは、屋外でスポーツしたり、海辺などで長時間過ごすときだけにしてください。ワセリンベースの日焼け止めなら、肌への負担を軽減できます（→P59）。

朝のケア

基本はノーファンデ。塗りたいときはパウダーにする

ファンデで隠すほど肌がボロボロになる

高機能のファンデーションを使えば、どんな肌も一瞬でツヤツヤになります。しかし、メイクの下の素肌はボロボロ。顔をペンキでおおっているようなものだからです。

とくによくないのが、リキッドやクリームタイプのファンデーションです。クリーム状、ローション状の化粧品は肌バリアを壊し、乾燥や老化をまねきます。毛穴の炎症、赤み、シミ、くすみの原因にもなります。

ファンデーションをやめて素肌で過ごせば、肌は確実に美しくなります。素肌にどうしても抵抗がある人は、最初だけ、おしろいタイプのパウダーを使ってください。

素肌に慣れるまではルースパウダーを使う

油分ゼロのパウダーなら、肌への負担が小さい

ルースパウダー、フィニッシュパウダーなどとよばれる、おしろいタイプが理想的。
カバー力がほしい人は、パウダーファンデを薄く塗る。

クレンジング剤が必要なメイクはやめる

ファンデを落とすクレンジング剤には、強力な界面活性剤《かいめんかっせいざい》が大量に含まれている。肌をこする刺激も加わって、乾燥、シミ、赤みなど、あらゆる肌トラブルの原因となる。

クリームによるバリア破壊

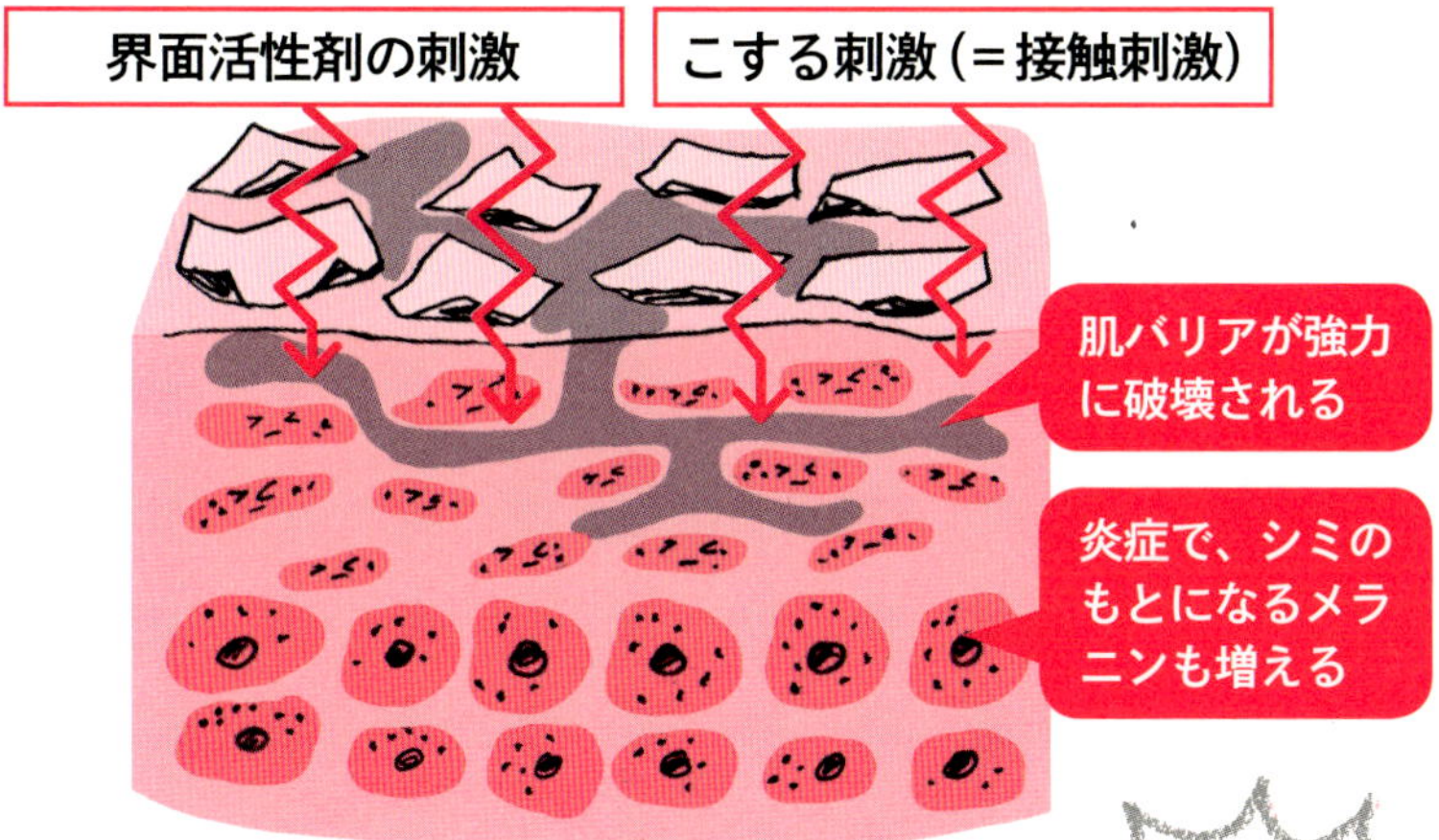

シワ・たるみ
超乾燥肌
シミ
くすみ
過剰な皮脂
赤み（炎症）

朝のケア

ポイントメイクで素肌に「きちんと感」をプラス

アイメイク、口紅だけで顔の印象は変えられる

美肌をめざすなら、メイクをいっさいやめるのが理想です。しかし「女性らしく、美しく見せたい」という気持ちまで捨てる必要はありません。

そこで役立つのが、肌の負担になりにくいポイントメイク。

ファンデーションに比べ、つける面積が少ないので、負担を最小限に抑えられます。目もとや口もとにメイクをすると、素肌でもきちんとした印象を保てます。

ただしリキッドタイプや練りもののメイクアップ化粧品には、肌をいためる油や界面活性剤《かいめんかっせいざい》が入っています。できるだけ、パウダータイプの化粧品を選んでください。

こすらずに落とせるアイテムを選ぶ

化粧品選びのもうひとつの基準は、クレンジング剤が必要かどうか。

クレンジング剤に含まれる強力な界面活性剤は、肌バリアを壊し、乾燥肌をつくり出します。マスカラやアイライナーは、33℃以下のぬるま水《みず》で落とせるものを使いましょう。

また、ポイントメイクをするときは、肌をこすったり、ひっぱったりしないようにしてください。

とくに目もとの皮膚はデリケート。かるくこすったり、ひっぱったりするだけでも、目もとのたるみやクマができ、老け顔になります。アイシャドウなどを塗るときは、やわらかい毛のブラシを使いましょう。

肌に負担をかけない メイクアップ化粧品を選ぶ

アイブロウ

ペンシルタイプはなるべく避ける。パウダータイプなら肌を強くこすらずにすみ、仕上がりも自然。

アイシャドウ

クリームタイプはNG。パウダータイプを、せまい範囲にサッと塗る。

アイライナー

こする刺激が強いペンシルタイプは避け、リキッド系をサッと塗る。

マスカラ

クレンジング剤や専用リムーバーを使わずに、お湯で落ちるものを選ぶ。

口紅

口紅、リップペンシル、リップグロスのうち、１種類だけを薄く塗る。

条件1 お湯で落ちる

クレンジング剤は肌荒れ、乾燥のもと。お湯だけで落ちるものを選ぶ

条件2 肌をこすらない

指先かやわらかいブラシでやさしくつける。硬いブラシは、肌の刺激になるので避ける

条件3 ヒリヒリしない

どんな化粧品も炎症の原因になりえる。かゆみ、赤み、違和感があればすぐやめる

Column

まつ毛エクステで目の美しさが台なしに

まつ毛エクステをしている人の多くは、まつ毛の根もとが炎症で真っ赤になり、くすみ、ドライアイを発症しています。放っておくと目は充血し、やがて白目が黄色くにごります。美しくなるための施術で、疲れ目、老け目になっては、元も子もありません。まつ毛につけるのはマスカラ程度にとどめましょう。

昼のケア

肌がテカらないので化粧直しはしなくていい

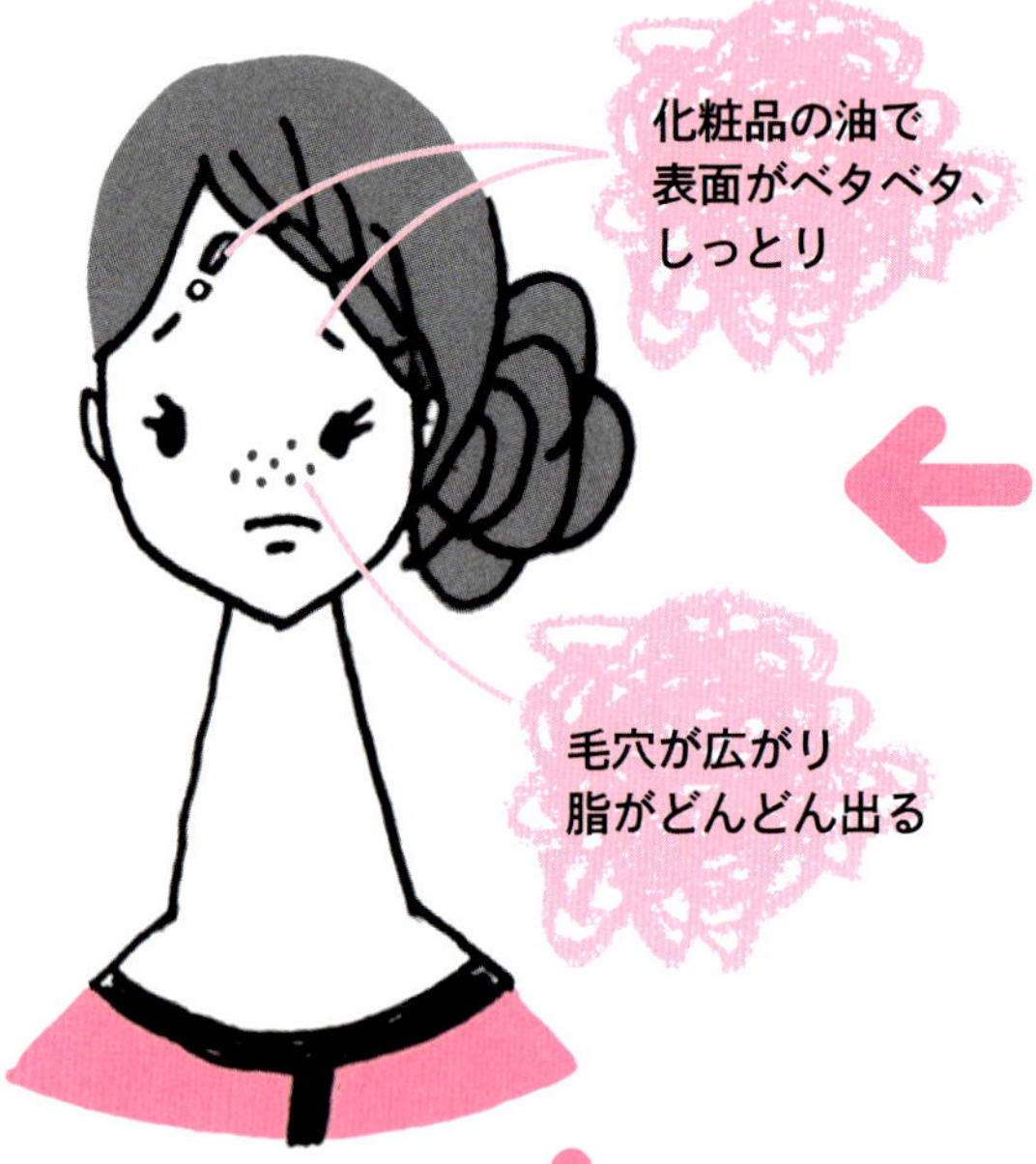
化粧品の油で
表面がベタベタ、
しっとり
毛穴が広がり
脂がどんどん出る

従来のスキンケア＆メイク

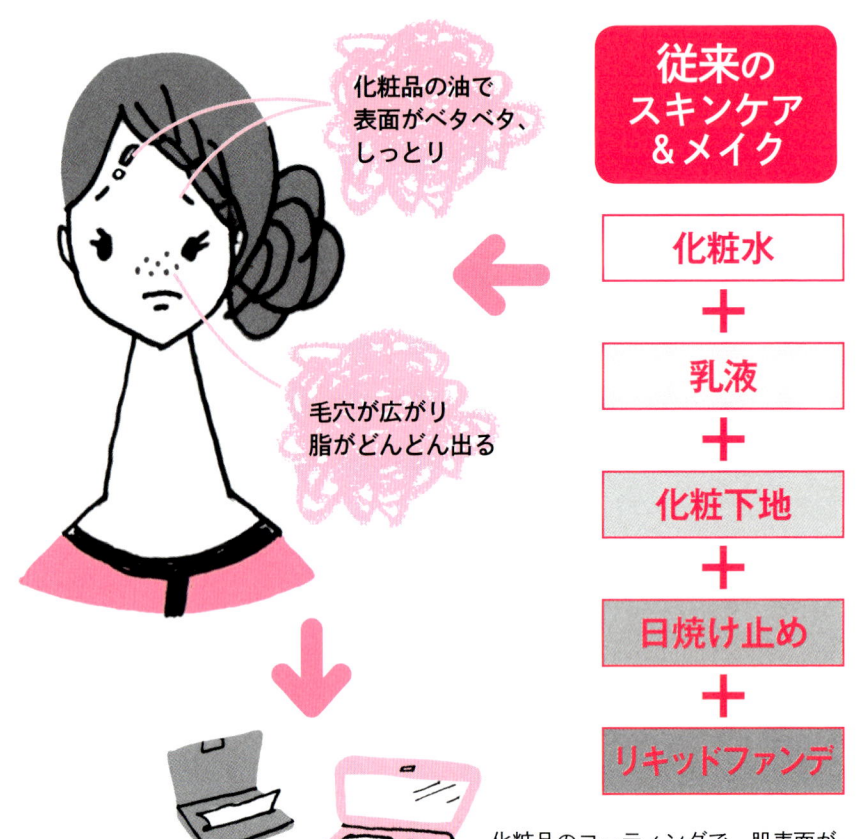

化粧水
＋
乳液
＋
化粧下地
＋
日焼け止め
＋
リキッドファンデ

メイク直ししないと、
夕方には顔がギトギトになる

化粧品のコーティングで、肌表面がベタベタし、化粧直しが必要になる。しかも脂とり紙などで脂をとると、肌表面はさらにベタつくようになる。化粧品により、自らつくり出したオイリー肌ともいえる。

宇津木流 スキンケア＆メイク

夜までサラサラだから、メイク直しは口紅１本でOK

基礎化粧品もファンデも塗らずに過ごすと、ベタつきがなく、余分な皮脂も出てこなくなる。人に会うときに、口紅をサッと塗る程度で十分。

何も塗らなければ 肌は一日じゅうサラサラ

化粧水、乳液、化粧下地などをつけると、肌表面が油分などでベタつきます。さらに日焼け止め、リキッドファンデなどを塗ると、もう大変。夕方には顔がテカり、ファンデーションがよれてしまっています。

化粧直しとして脂とり紙などで脂をとると、皮脂腺《ひしせん》（→P75）が活性化し、テカリや毛穴の開きがさらに悪化します。ファンデを塗り直すときの刺激も、肌をいためます。

基礎化粧品もリキッドファンデもやめてしまえば、夜になってもメイクがくずれず、化粧直しはいりません。サラサラの質感がずっと続き、一日じゅう快適に過ごせます。

昼のケア

加湿器で湿度40～50％をキープ

肌バリアが正常化すると冬もカサつきにくくなる

「テカリより乾燥が気になる」という人も、化粧品によるダメージが進んでいると考えられます。

肌のバリア機能は、角質の細胞間《さいぼうかん》脂質《ししつ》とNMF（天然保湿因子）が担っています（→P74）。2つの成分が組み合わさり、角質内に水分をとどめる働きをしています。

そのため砂漠のように空気が乾いた場所でも、体内の水分がなくなったり、肌がひびわれたりすることはありません。

肌のバリア機能は、これほど強力なもの。化粧品でバリアを壊したりしなければ、うるおいが保たれるようにできているのです。

加湿器を使ってバリア機能の低下を防ぐ

ただし空気の乾燥がひどい日は、角質の水分保持機能がやや低下します。細胞のターンオーバー（→P85）の速度も遅くなります。

とくに湿度30％以下の環境では乾燥しやすく、カサつき、粉ふき、かゆみが起こることがあります。

冬は加湿器を使い、湿度40～50％を維持しましょう。自宅だけでなくオフィスにも加湿器を設置し、日中の乾燥から肌を守ってください。

屋外では、湿度が20％以下になることもあります。外出が多く、乾燥が気になるときは、ワセリンを使います。乾燥する部分にだけ、ごく少量をつけるのがポイントです。

水分をつけると逆効果。部屋全体をうるおそう

化粧水をスプレー

もっともやってはいけないケア。
化粧水が蒸発するときに、肌の保湿バリアが壊れてしまう。
とくに乾燥した室内では水分が蒸発しやすい。

加湿器で空気をうるおす

室内の空気全体をうるおすと、バリア機能が低下しにくく、肌内部のうるおいを保てる。

加湿器はスチーム式か気化式にし、超音波式は避ける。

湿度計とセットで置き、湿度40〜50%をキープ

夜のケア

ポイントメイクを綿棒で落とす

落ちにくいときは、綿棒に純石けんを少量つける
アイライナーも、綿棒をやさしく転がして落とす

アイブロウ・アイシャドウ

綿棒を水道水で湿らせ、左右にやさしく転がす。
水にぬらしたタオルやティッシュを目の上にあてて、落としてもいい。

アイメイク用リムーバーは肌荒れのもと

メイクに含まれる油分は、本来は水にとけません。それを洗い流すために使われるのが、界面活性剤《かいめんかっせいざい》を含むクレンジング剤です。

クレンジング剤を使うと、角質内の水分、油分がとけて、バリア機能が破壊されます。とくにポイントメイク用のクレンジング剤には強力な界面活性剤が含まれるため、ぜったいに使ってはいけません。

ポイントメイクは、水で湿らせた綿棒をやさしく転がして落としましょう。アイブロウやアイシャドウなどは、大きめの綿棒で落とします。

口紅を落とすときは、唇でティッシュをはさむだけでＯＫです。

マスカラ

落ちにくいときは
下の綿棒を土台に
し、上の綿棒をく
るくると動かす

綿棒２本を湿らせてまつ毛をはさみこみ、毛先に向けて転がす。
ぬらしたタオルやティッシュでまつ毛全体をはさんで落としてもいい。

残ったメイクは垢といっしょに落ちる

メイクが完全に落ちなくても、気にしないこと。肌をこするほうが、よほど肌トラブルを悪化させます。

メイクが多少残っていても肌に害はなく、色素が肌内部に浸透することもありません。２～３日以内には垢《あか》とともにはがれ落ちます。

Column

目もとをさわるほど肌が黒ずんでくる

マスカラやアイライナーが落ちていないかどうか気になって、下まぶたをしきりにこする人がいます。しかし目もとの皮膚はデリケート。メイクが落ちるくらいに指でこすると、肌バリアが破壊されます。黒ずみ、クマ、シワ、シミなどにつながるので、なるべくさわらないでください。

夜のケア

パウダーを塗った日は純石けんで洗顔

純石けんさえあれば クレンジング剤はいらない

宇津木流スキンケアでは、ファンデーションを塗らないのが基本です。そのため夜の洗顔は、朝と同様、ぬるま水《みず》だけで洗います。

ただし素肌に自信がもてず、パウダーを使う場合は、純石けんを少しだけ使うようにします。

純石けんとは、オリーブ油などの植物性油脂、牛脂などの動物性油脂をベースにつくられる、100%天然素材の石けん。肌への毒性が少なく、洗浄力もすぐれています。

純石けんをキッチン用スポンジなどで泡立て、やさしく洗ってください。毛穴の中のメイク汚れまで気にしてゴシゴシ洗うのはやめましょう。

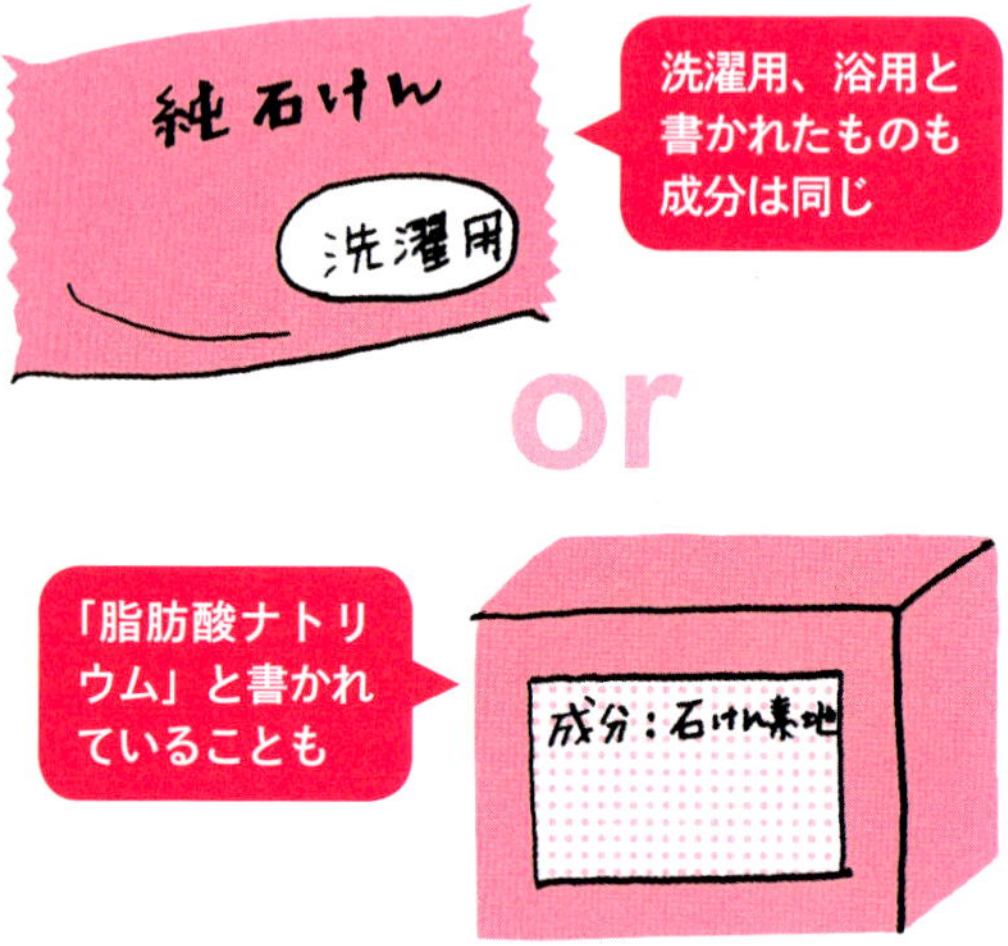
純石けん
洗濯用
洗濯用、浴用と書かれたものも成分は同じ
or
「脂肪酸ナトリウム」と書かれていることも
成分：石けん素地

石けんを買うときは成分表示をチェック

石けん素地《そじ》（脂肪酸ナトリウムまたは脂肪酸カリウム）だけでできているのが、純石けん。無添加石けんと表示されていても、上記以外の成分を含むものは避ける。

泡の「押し洗い」＆「うぶ毛洗い」で汚れを落とす

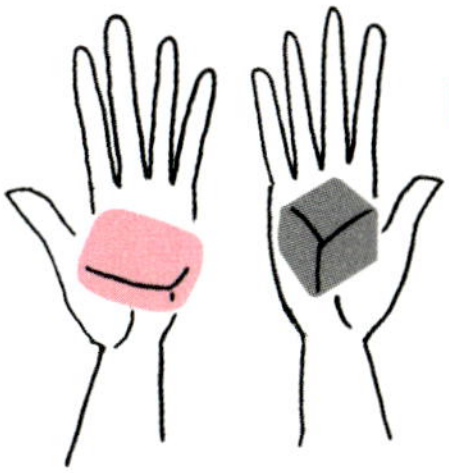

1 スポンジで石けんを泡立てる

スポンジを5㎝角程度にカットしたものを使い、純石けんを泡立てる。泡立てネットよりも泡立ちがよく、手が荒れにくい。

押したりひいたりをくり返し、泡の振動で洗う

2 ほお、額を押し洗いする

泡をつけた手を押しあてて、強く押したりゆるめたりをくり返す。泡が手と顔のあいだのすき間を出たり入ったりし、汚れを洗浄する。

3 目もと、小鼻、あごをうぶ毛洗いする

押し洗いしにくい場所は、指の腹でやさしくなでる。うぶ毛をなでるくらいの力かげんで。

ていねいにすすぐ

33℃以下のぬるま水を両手にため、顔をつけたり離したりして、石けんを落とす。すすぎ残しがないように。

夜のケア

粉ふき肌にはごま1粒分のワセリンをつける

時間がたつと黄色っぽく変色する。古いものは使わないこと
日本薬局方
白色ワセリン
第3種医薬品
白色ワセリン

純度の高い白色ワセリンを選ぶ

黄色みがかったものではなく、純度の高い真っ白なものを選ぶ。薬局のカウンターで「白色ワセリン」といえば確実。トラブル肌の人には、「サンホワイトP-1®」などがとくにおすすめ。

ワセリンなら肌内部に浸透しにくい

基礎化粧品をやめると、乾燥や炎症で粉ふきが起こることがあります。これは肌の悪化ではなく、化粧品のコーティングがなくなり、実際の肌の状態があらわになったためです。

粉ふきがひどいときや、かゆみやチクチク感があるときは、ワセリンを少しだけつけると効果的です。

肌内部に浸透しにくく、空気にふれても酸化しにくいため、肌バリアを破壊しにくいという特徴があります。傷ややけどの患部を保護するために、皮膚科でもよく使われます。

粉をふいた箇所にワセリンを少量つけると、乾燥でめくれ上がった角質をおちつかせることができます。

物たりなく感じる量がちょうどいい

1 綿棒でごま１粒分をとる

指でとると容器内に雑菌が入るので、綿棒ですくいとる。適量はごくわずかで、ごま１粒分がめやす。

手が少しうるおうくらいの量でいい

2 両手のひらにのばす

顔に直接のせてはいけない。両手のひらをこすりあわせて、ワセリンを手になじませる。

手を動かしてすりこむのはNG

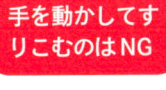

3 乾燥しているところに押しづけする

粉ふき、乾燥が気になるところだけ手のひらをそっと押しあてる。

Column

鏡に顔をつけて、ワセリンの量をチェック

ワセリンのつけすぎも､肌トラブルの原因となります。乾燥がひどいとき､かゆみがあるときにだけ、ごく少量をつけてください。ほおを鏡に押しあててみて、鏡に油分がべったりつくようなら、つけすぎです。また、ワセリンを塗っていなくても鏡に皮脂膜がつく人は、ワセリンを使う必要はありません。

夜のケア

カサカサ唇はワセリンでケア

リップメイクは唇を乾燥させる

どのタイプも唇の乾燥につながるため、ワセリンでの保湿が必要。

口紅

ロウなどの油性成分に、タール色素、界面活性剤《かいめんかっせいさい》、合成ポリマーなどを混ぜてつくられる(→ P77)。タール色素や界面活性剤はとくに刺激が強い。

リップペンシル

界面活性剤の量は少ないが、塗るときに唇をこするため、乾燥などのダメージをまねく。

リップグロス

成分は口紅とほぼ同じだが、液状のため界面活性剤が多く含まれ、口紅より刺激が強いといわれる。

寝る前に1粒、口紅の前にも1粒つける

冬になるととくに気になる、唇の乾燥。リップクリームにも有害な成分が含まれていることがあるので、ワセリンでケアします。

唇がガサガサに乾いているとき、皮がめくれそうなときにだけ、少量を塗ります。

口紅には、唇を荒らす有害な成分が使われているので、下地としてワセリンを塗っておく方法もあります。

また、唇が荒れている人はたいてい、唇をなめるクセがあります。唇についた唾液で唇のバリアが壊れ、うるおいが奪われているのです。ワセリンを塗っておけば、唾液が直接つかないので乾きにくくなります。

ごま1粒分を指先で押しづけする

肌と同じく、つけすぎるとターンオーバー（→ P85）がとどこおる。ごま半粒分を綿棒でとり、指先に広げてから押しづけする。

残った口紅はすぐ落ちる

寝る前にワセリンを塗るとき、口紅が少し残っていることもあるでしょう。唇は顔の皮膚よりターンオーバーが速いので、放っておいてもすぐに落ちます。シワの間の汚れまで念入りにふきとろうとすると、かえって唇が乾燥してしまいます。

Column

紫がかった唇はレーザーで治せる

唇の色が悪く、紫がかって見えるのは、メラニンがたまっているから。リップメイクを何種類も使うなどして唇を刺激し続けると、炎症が起こってメラニンが増えるのです。シミと同様、スキンケアだけでは治りにくいので、気になる人はレーザー治療を受けましょう。

Column

ベビー用アイテムも肌をいためる

ベビー用クリームにも界面活性剤がたっぷり

ベビー用品売り場をのぞくと、シャンプー、ボディシャンプーなど、大量のケア用品が並んでいます。

赤ちゃんの皮膚は、いつからそんなにきたなくなったのでしょう？

赤ちゃんの生活は室内が中心。出かけるといっても、抱っこやベビーカーで散歩に行く程度です。公園や幼稚園で遊ぶ年齢になっても、水で落ちない汚れなど、ほとんどついていません。

乳幼児にシャンプー類を使うようになったのは、親の思いこみが原因だと思います。髪はシャンプー、体はボディシャンプーで洗うのが常識となり、乳幼児にもそれをあてはめているというのは、じつにおそろしいことです。

赤ちゃんの肌に合成洗剤はいらない

ベビー用シャンプー、ボディシャンプーは、大人用の製品と同様、合成界《ごうせいかい》面活性剤《めんかっせいざい》でできています。入浴後に使うボディクリームや、日焼け止めも同様です。大人であっても、けっして肌によいとはいえません。

まして赤ちゃん、幼児の肌は、バリア機能が完成していません。界面活性剤、防腐剤（→P77）などの化学物質をぐんぐん吸収します。抗菌グッズの多用もよくありません。常在菌《じょうざいきん》が減り、免疫力《めんえきりょく》が低下してしまいます。

自分の化粧品はどうしてもやめられないという人も、子どもの肌に化学物質を多用するのだけは、やめていただきたいと思います。

Part 2

コスメ好きのための
4STEP肌断食

熱心にスキンケアをしてきた人ほど、
肌断食への不安は大きいようです。
不安な人は、刺激の強い化粧品から順に減らし、
効果を実感しながら進めてください。

ダメージの大きいスキンケア用品から順番にやめる

STEP 1

クレンジング
リキッドファンデ をやめる

強力な界面活性剤《かいめんかっせいざい》（→ P19）が使われているものからやめる。メイクは純石けんで落とそう。

STEP 2

クリーム
乳　液 をやめる

界面活性剤、油分を含むクリーム、乳液、美容液などをやめる。乾燥するときはワセリンを使う。

肌への刺激　強い

1週間〜1か月ずつ時間をかけて進める

宇津木流スキンケアは、皮膚の構造と生理に基づく美容法です。けっして奇をてらったものではありません。しかし多くの女性が「スキンケアをやめたら、肌がボロボロになる」と、不安そうな反応をします。

不安がぬぐえない人は、肌のようすを見ながら、段階的にチャレンジしてください。害の大きいアイテムから順に減らすとよいでしょう。

ひとつのステップから、次のステップに進むまでの期間は自由です。早めに成果を出したい人は、1週間程度。じっくりようすを見ながら進めたい人は、1か月程度かけて次のステップに進んでください。

こんな人におすすめ

- ★Part1の方法では肌状態が悪化した。化粧品をつけると調子がいい
- ★化粧品をやめることが不安でたまらない

STEP3

日焼け止めをやめる

紫外線の害より、界面活性剤などの害のほうが深刻。やめられない人は低刺激の日焼け止めを使う。

STEP4

化粧水をやめる

乾燥の原因となる化粧水をやめ、ワセリンと純石けんのシンプルスキンケアで過ごす。

弱い

使う種類が多いほど防腐剤の害も強い

Ｐａｒｔ１の方法で化粧品を一気にやめた結果、ひどく乾燥したり、ベタついたりした人にも、段階的な方法がおすすめです。

化粧品には防腐剤（↓Ｐ77）が含まれていて、長年使い続けると、肌の健康を守る常在菌《じょうざいきん》が減少します。

その状態で化粧品を急にやめると、真菌（マラセチア菌など、↓Ｐ65）が異常繁殖することがあります。

肌が粉をふいて赤くなり、黄色いブツブツがついていたら、真菌感染症が疑われます。段階的に化粧品を減らすことで、やがて細菌バランスが正常化し、化粧品なしで過ごせる健康な肌が手に入ります。

STEP 1

クレンジングをやめて純石けんで洗う

朝のケア

* 純石けんで洗顔
* 化粧水、乳液をつける
* 日焼け止めをつける
* パウダーファンデ
  ＋ポイントメイク

夜のケア

* 純石けんで洗顔
* 化粧水、乳液をつける
* クリームをつける

W洗顔をやめればつっぱり感は軽くなる

クレンジングは、肌への害がもっとも大きいスキンケアです。

クレンジング剤の主成分は、界面《かいめん》活性剤《かっせいざい》。油性のメイクが一瞬で落ちるほど強力です。肌を乾燥から守る細胞間《さいぼうかん》脂質《ししつ》、NMF（↓P74）もひとふきで落ちてしまいます。

どんなにていねいに洗い流しても、界面活性剤は必ず肌に残り、悪影響を与え続けます。クレンジング剤をなじませるときに肌をこするのも、肌ダメージの一因です。

まずはクレンジング剤の使用をやめて、少量の純石けんで顔を洗ってください（↓P40）。

肌バリアが壊れにくく、洗顔後のつっぱり感、乾燥が軽減します。

実践！ 肌断食Q&A

Q 純石けんじゃなく、洗顔フォームを使ってはだめ？

A 洗顔フォームにも、合成界面活性剤が使われています

洗顔フォームには合成洗剤などが含まれているので、肌は確実にいたみます。「弱酸性」「肌にやさしい」などとうたった商品であっても、おすすめできません。

Q じゃあ、オーガニック系の固形石けんならいいですよね？

A 純石けんは、添加物が加わると洗浄力が弱まりメイクを落とせません

純石けん以外の洗顔用固形石けんには、使用感をよくするためにグリセリンや油脂などが添加されています。添加物が肌に悪影響を及ぼすうえ、洗浄力が低くなるので、メイクを落とすには不向きです。

STEP 1 リキッドファンデをパウダーに替える

カバー力が高いぶん、肌への刺激も強い

	パウダー（粉おしろい）	ケーキ型ファンデ	リキッドファンデ
界面活性剤	☆☆☆☆☆	★★☆☆☆	★★★★★
油分	☆☆☆☆☆	★★☆☆☆	★★★★★
防腐剤	★☆☆☆☆	★★☆☆☆	★★★★★

弱い ← 肌への刺激 強い

リキッドファンデには界面活性剤と油がいっぱい

リキッドファンデを塗ると、界面《かいめん》活性剤《かっせいざい》と油分が肌バリアを破壊し、角質中の細胞間《さいぼうかん》脂質《ししつ》に付着します。

そのためくずれにくく落ちにくいのですが、肌へのダメージは甚大。クレンジング剤を使うことで、肌には二重の負担がかかります。

リキッドファンデを使っている人は、おしろいタイプのパウダーに替えるか、固形のパウダーファンデを薄くつけるようにしてください。

ポリマーのツヤ感にだまされないで

ファンデーションを塗るとツヤが出るのは、合成ポリマー（プラス

ツヤツヤになるファンデは、肌をいためる

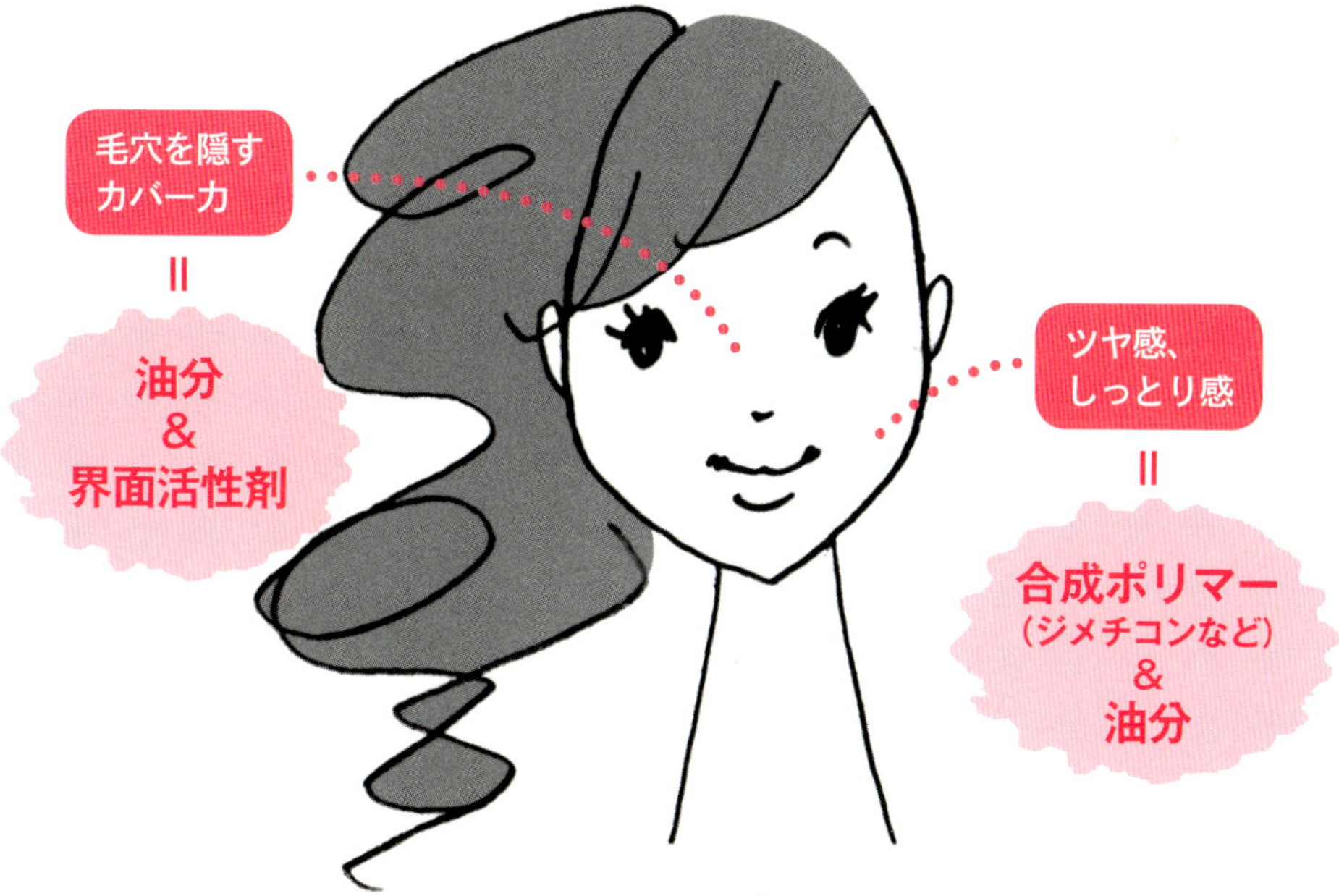

ファンデーションのカバー力やツヤ感は、油分や合成ポリマーの力。合成ポリマーはパウダーファンデにも含まれているので、成分をよく見て買うか、なるべく薄く塗る。

チック）の力です。種類が非常に多いのですが、成分表示欄に「ジメチコン」「〇〇セルロース」「〇〇カルボマー」「加水分解コラーゲン」などとあれば、合成ポリマーです（→P76）。

肌表面を合成ポリマーでおおうと、肌のターンオーバーが遅れます。薄く不健康で、色ムラがめだつ肌になります。美しく見えるファンデーションほど、肌の負担になるのです。

Column

ツヤツヤメイクは特別な日だけにする

肌にクリームをすりこみ、下地やリキッドファンデでおおえば、CMで見る女優のような肌に早変わり。しかしこのようなメイクを日常的にしていると、肌はあっというまに老化してしまいます。素肌を完全におおい隠すメイクは、年に数回だけにとどめましょう。

STEP 2

寝る前の美容クリーム、パックをやめる

朝のケア

* 純石けんで洗顔
* 化粧水をつける
* 日焼け止めをつける
* パウダーファンデ
  ＋ポイントメイク

↓

夜のケア

* 純石けんで洗顔
* 化粧水をつける
* （ワセリンをつける）

肌へのダメージはクリームが最強

「洗顔で皮脂を落としたら、クリームで保湿しなくてはいけない」。

これが美容業界の常識です。

しかしクリームは、肌の保湿機能の代用品にはなりません。たとえ角質中の成分と同じ成分であっても、同じ機能は発揮できないからです。

クリームは界面活性剤《かいめんかっせいざい》そのもの。角質の構造を破壊し、肌本来の保湿機能をなくしてしまいます。保湿のためにクリームを塗るほど、肌は乾燥してしまうのです。肌荒れなどのトラブルも増えます。

基礎化粧品を減らすときは、まずクリームの使用をやめてください。

パックを塗ったり、はったりするのもやめましょう（→P93）。

実践！ 肌断食Q&A

Q 界面活性剤が入っていない美容オイルならいいですよね？

A クリームよりはましですが、オイル焼けで肌がくすみます

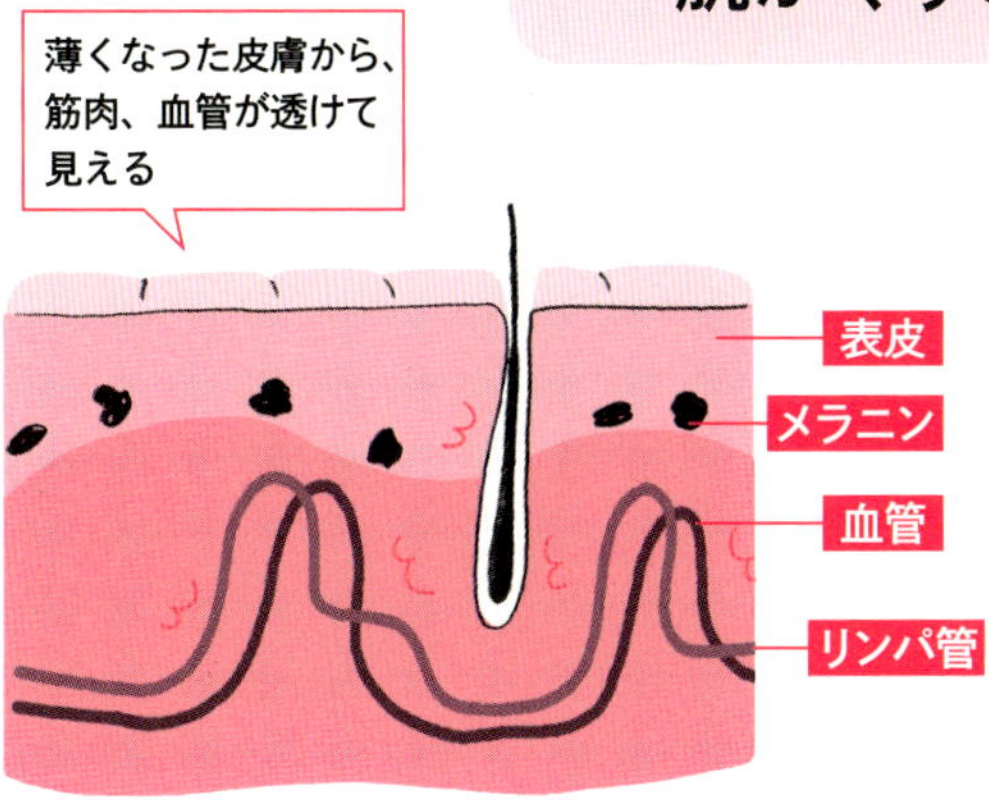

オイルを塗ると表皮のターンオーバーが遅れ、薄く不健康な肌になります。すると皮下の筋肉や血管が透けて、肌が黒ずんで見えます。

しかも時間とともにオイルが酸化して炎症をまねき、シミのもとであるメラニンが増えてしまいます（オイル焼け）。

Q 目もとの皮膚が弱いので、アイクリームだけでも塗りたいです

A 皮膚の弱い人ほど、アイクリームは厳禁です

アイクリームにも界面活性剤や油分などが含まれていて、乾燥の原因になります。塗るときの刺激も加わって、メラニンが増え、クマが悪化してしまいます。くすみや小ジワも悪化します。

STEP 2

乳液、美容液をやめてワセリンを使う

ワセリンなら肌にしみこみにくい

乳液や美容液にも、界面活性剤《かいめんかっせいざい》が含まれています。クリームと同様、肌バリアを壊してしまうので、この段階で使用をやめてください。

「油っぽいクリームは不要でも、美容成分は必要では？」と考える人もいるでしょう。しかし美容成分は異物でしかなく、肌の保湿機能を補うことはできません。塗れば塗るほど、肌は不健康になります。

乾燥がひどく粉をふき、チクチクする部分には、ワセリンをつけます（→P42）。ただし多くつけるほど肌が乾燥しますので、必ず適量を守りましょう。米粒半粒分程度を手のひらになじませて、押しづけします。

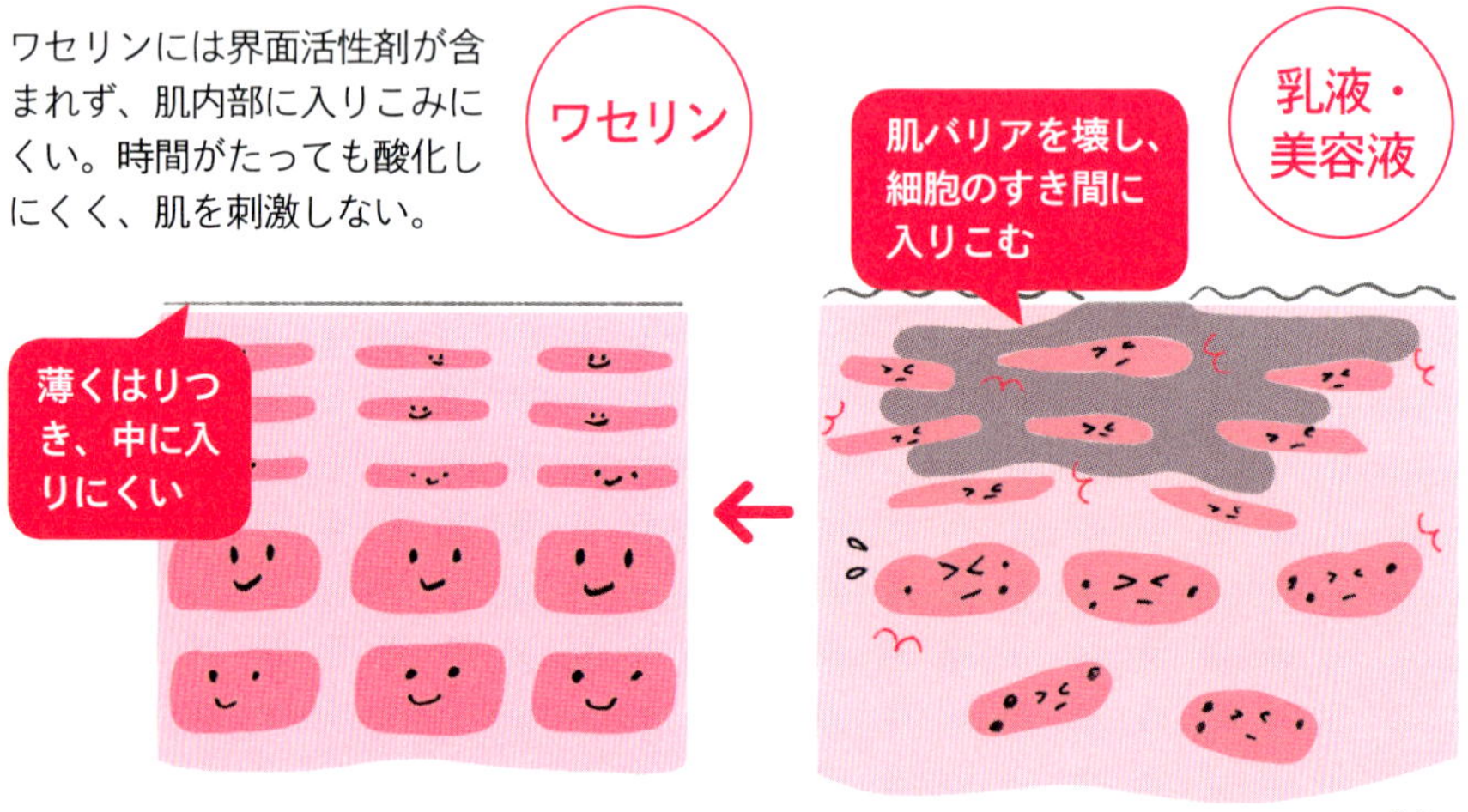

ワセリンには界面活性剤が含まれず、肌内部に入りこみにくい。時間がたっても酸化しにくく、肌を刺激しない。

朝は石けんを使わず水洗顔にする

皮脂汚れだけならぬるま水で落ちる

寝る前にクリームや乳液を塗ると、油分や界面活性剤、合成ポリマー（↓P76）などがはりつきます。そのため朝は、洗顔料で洗い流す必要があります。

しかしクリーム類をやめれば、洗顔料も純石けんも不要です。

皮脂汚れは33℃以下のぬるま水《みず》でも十分落ちるので、水洗顔に切り替えましょう（↓P23）。

前日のファンデーションなどが残っていても、問題ありません。きちんと落とそうとすると肌をこすり、いためるだけです。日中のファンデーション、パウダーの使用をやめると、夜も水洗顔だけですみます。

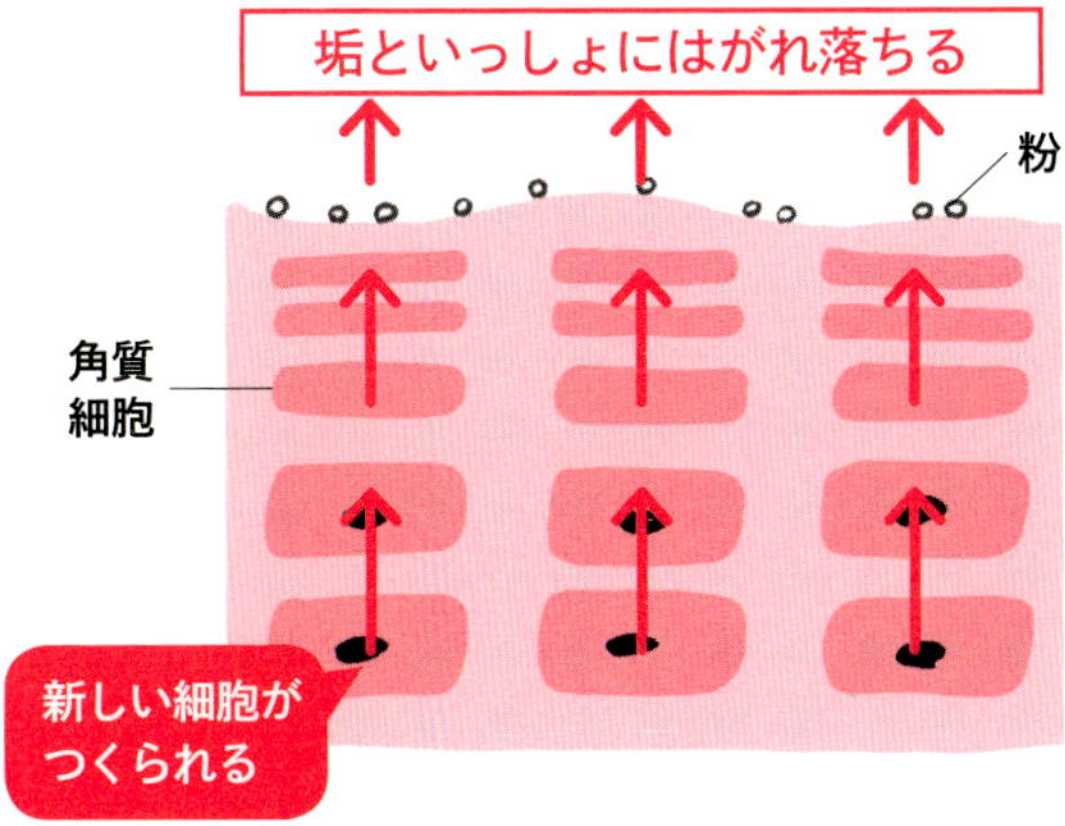

前日のパウダーが多少残っていても気にしない

肌内部ではつねに新しい細胞がつくられ、古い細胞は垢《あか》としてはがれ落ちる（ターンオーバー）。メイクの粉が残っていても、数日ではがれ落ちるので問題ない。

STEP 3

日焼け止めをやめるか低刺激の製品に替える

日焼け止めを塗るとシミやシワが増えることも

1日15分以下の日差しなら、日焼け止めは必要ありません。15分以上日にあたる場合も、日傘や帽子などを使えば紫外線をカットできます。

「日焼け止めだけはやめたくない」という人もいますが、日焼け止めを毎日塗り続ければ、肌が乾燥し、メラニンの増加でシミ、くすみをまねくおそれがあります。肌バリアが壊れるので、乾燥などの肌トラブルも悪化します。シミやシワを防ぐどころか、増やす可能性があるのです。

旅行やスポーツを楽しむときも、できるだけ長袖などで紫外線対策をします。どうしても日焼け止めを使いたい人は、左ページのように負担が少ないものを選びましょう。

朝のケア

* 水で洗顔
* 化粧水をつける
* （ワセリンをつける）
* パウダーファンデ
  ＋ポイントメイク

夜のケア

* （純石けんで洗顔）
* 化粧水をつける
* （ワセリンをつける）

肌ダメージの少ない日焼け止めを選ぶ

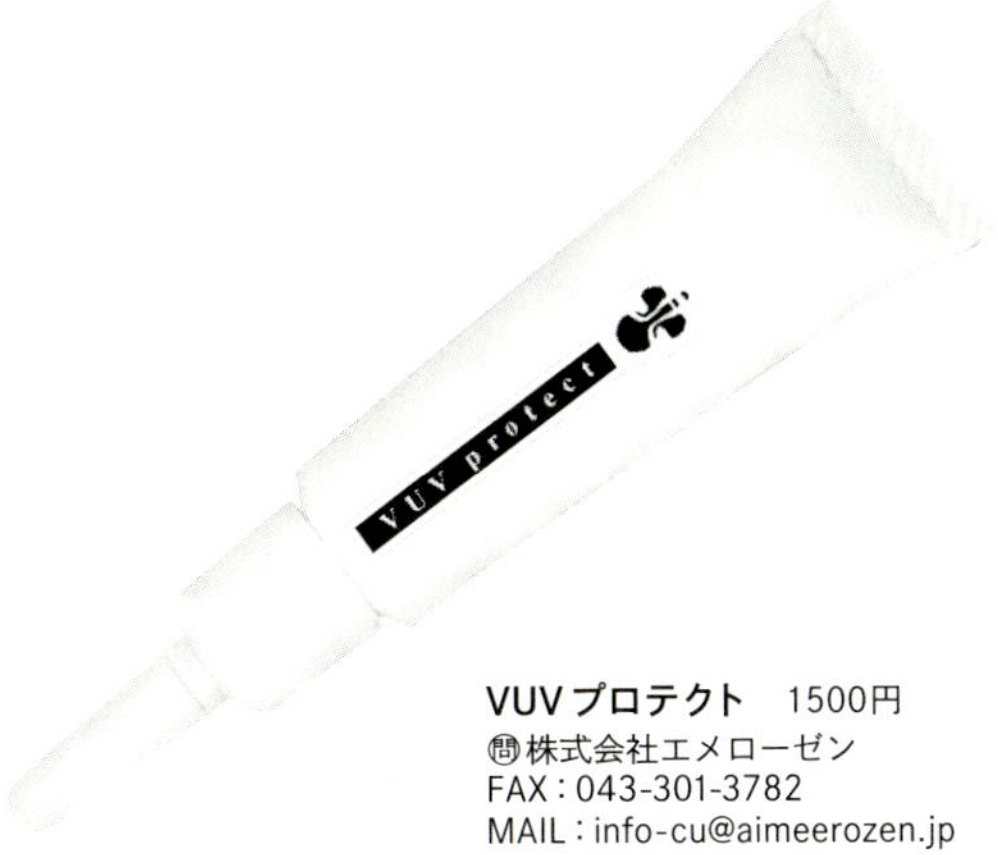

VUV プロテクト　1500円
㊞株式会社エメローゼン
FAX：043-301-3782
MAIL：info-cu@aimeerozen.jp

ワセリンベースの日焼け止め

やむをえず日焼け止めを使うときは、肌内部に入りこみにくいワセリンベースのものが理想的。防腐剤も入っていないので、肌への負担が少ない。

日焼け止めの正しい塗りかた

・適量は**米粒 2 ～ 3 粒分**。つけすぎは厳禁
・手のひらに広げてから、**押しづけする**
・なるべく**ムラなく**つける
・汗で流れたときは、**こまめに塗り直す**

Column 美白化粧品を塗ると、シミが増えることがある

美白剤ののびをよくするには、界面活性剤《かいめんかっせいざい》やクリームで肌バリアを壊す必要があります。しかも肌内部に入った美白剤は、刺激物として炎症を起こします。そのため美白化粧品を使い続けると、肌が乾燥するうえ、シミが悪化することも。さらに美白剤には、効果が均一でないという欠点もあります。色素が濃い部分より、正常な色の肌を白くする傾向があり、色ムラをまねきやすいのです。

STEP 4

化粧水をやめて ワセリンをごま1粒分つける

どうせ蒸発するなら塗らなくていい

4STEPの肌断食で、最後にやめるのは化粧水です。

界面《かいめん》活性《かっせい》剤《ざい》も油分も含まれていないことが多いので、クリームよりはましですが、肌を乾燥させることに変わりはありません。

保湿成分として使われるヒアルロン酸やコラーゲンも、乾燥を悪化させます。感触がヌルヌルしているものが多いので、しっとりした感じがするだけです。保湿成分を外から塗っても、内部の保湿成分と同じ機能を果たすことはできません。

カサつきがどうしても気になる部分には、ワセリンをごく少量つけます（↓P43）。つけすぎに注意し、たりなければつけたしていきます。

朝のケア

* 水で洗顔
* パウダーファンデ
  ＋ポイントメイク

↓

夜のケア

* （純石けんで洗顔）
* （ワセリンをつける）

＝

**宇津木流
シンプル
スキンケアの
完成**

実践！ 肌断食 Q&A

Q 保湿成分を何もつけなくて、本当にいいんですか？

A 化粧品の成分は、肌の保湿成分にはなりません

肌は、外部刺激から体を守る場所。どんな美容成分も肌にとっては異物であり、炎症の原因となります。

肌の保湿因子と同じ成分を塗っても、異物、不純物にしかなりません。

皮膚の構造と成分

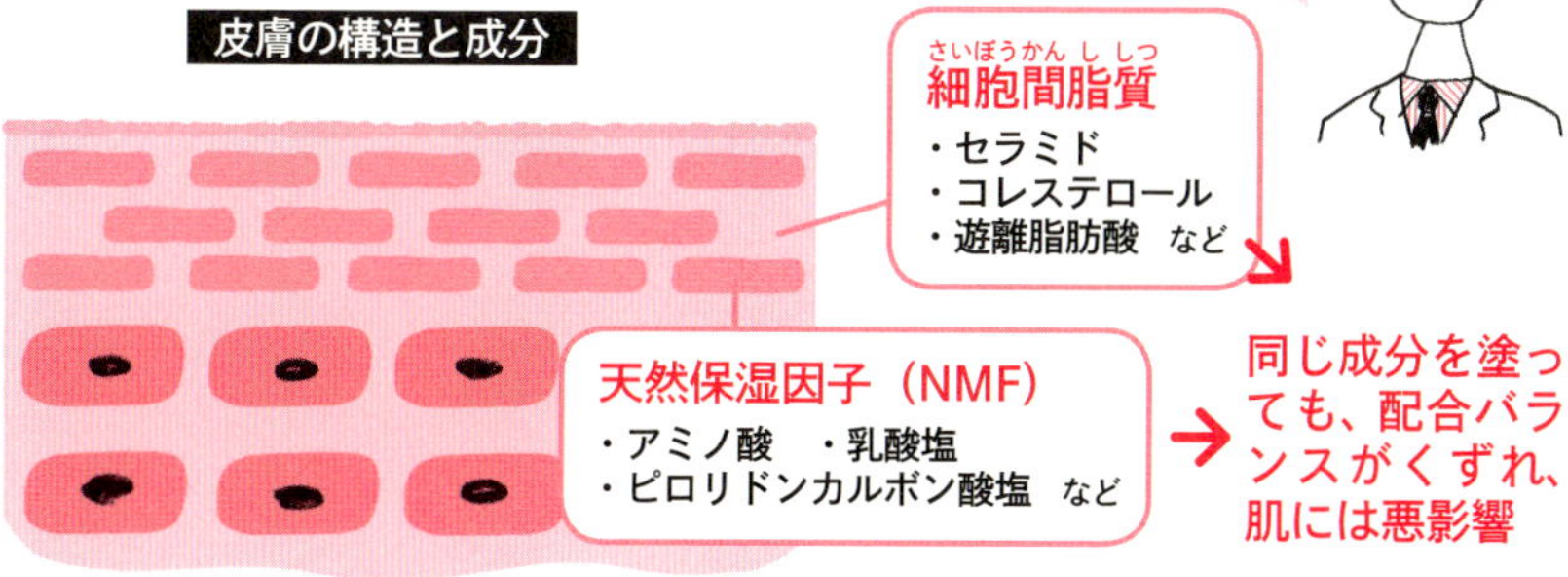

Q 美容部員さんに「水分量が減っています」といわれました

A 水分量はうるおいの指標にはなりません

水分量測定は、肌表面の電気伝導率（電気の通りやすさ）や水分蒸発量などを指標とした数値。正確な水分量ではありません。また、保湿の主役は、水分量よりも保湿バリア機能です。水分量の変化に一喜一憂しないように気をつけましょう。

トラブル対策

Ⅰ ガサガサ、粉ふきが気になる

熱いシャワーを顔にあてていない？

シャワーのお湯を強くあてると、角質中の自家保湿因子がとけ出す。熱いお湯も乾燥の原因になる。
シャワーをあてたいときは、33℃以下のぬるま水《みず》を、弱い水圧であてる。

カサつきがひどいときはここをチェック

カサカサ、粉ふきが長く続くときは、左の5項目をチェック。毎日の習慣を見直すと、よくなることも多い。

化粧品を抜くと少しカサつくのが普通

宇津木流スキンケアをはじめると、乾燥が気になることがあります。

化粧品をずっと使っていた人は、肌がしっとりした状態に慣れています。何もつけないと違和感があるのは当然。本来の肌の状態がむき出しになるので、粉ふきに悩まされることもあります。

健康な肌バリアが回復すれば、このような症状はなくなります。

肌がおちつくまで続けましょう。

Column

周囲のおどし文句に負けないで

　宇津木流スキンケアをはじめてすぐは、化粧品の誘惑との戦いです。「少しは保湿したほうがいいんじゃない？」などと、周囲に心配されることも。しかし再び化粧品に手を出すと、元の木阿弥です。

　周囲の声にまどわされず、信じて続けてみてください。

パウダーを厚く塗っていない？

パウダーファンデやルースパウダーの使いすぎもNG。粉が水分を吸いとり、肌を乾燥させる。

完全にやめるのが理想だが、やめられない人は、なるべく薄くつける。

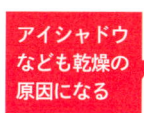

アイシャドウなども乾燥の原因になる

マッサージなどで顔をこすっていない？

肌をこすったり、ひっぱったりすると、角層が壊れ、肌がカサつく。ほおづえをつく、顔をさわるなどのクセにも注意。

ほおづえをつくクセも肌をいためる

肌が赤くかぶれていない？

髪の生えぎわが赤くかぶれ、カサつくときは、シャンプー、コンディショナー、染毛剤などが原因と考えられる。お湯だけで洗髪し、カラーリングをやめると治る（→ P144 ～）。

空気が乾燥していない？

冬は加湿器で、湿度を 40～50％に保つ（→ P36 ）。内部から水分を補うことも大切。体重 1 kgあたり20～30ccをめやすに 1 日の水分をとる。できるだけ軟水を飲むといい。

Ⅱ 顔がかゆい

1 乾燥によるひびわれが原因

肌にこまかなひびわれができると、合成洗剤、染毛剤、シャンプーなどに含まれる化学物質の刺激で、炎症、かゆみが起こる。刺激の強い化学物質の使用は避ける。

かゆみがひどいときはここをチェック

かゆみの原因は、肌の乾燥。化学物質、汗、皮脂などの刺激が引き金となる。真菌が繁殖していることもある。

2 汗が肌を刺激している

吸汗性の高い綿の洋服、タオルがおすすめ

汗をふかずに放っておくと、塩分が濃縮されて、肌を刺激する。汗に含まれる尿素、乳酸塩などの成分も、かゆみの一因。
汗をかいたらタオルなどをやさしくあて、吸いとるようにする。

水が冷たすぎると、皮脂が落ちにくい

3 皮脂の洗いすぎ、洗い残し

洗いすぎるのも、洗いたりないのもよくない。洗いたりないと肌に残った余分な皮脂が酸化して、肌を刺激する。体表の温度に近い33℃以下のぬるま水《みず》で顔全体を洗い、皮脂を落とそう。

4 真菌が繁殖している

化粧品を長年使っている人は、防腐剤などの影響で常在菌《じょうざいきん》のバランスがくずれている。
化粧品を一気にやめると真菌が大量繁殖し、肌が赤くなり、乾燥に悩まされることがある。

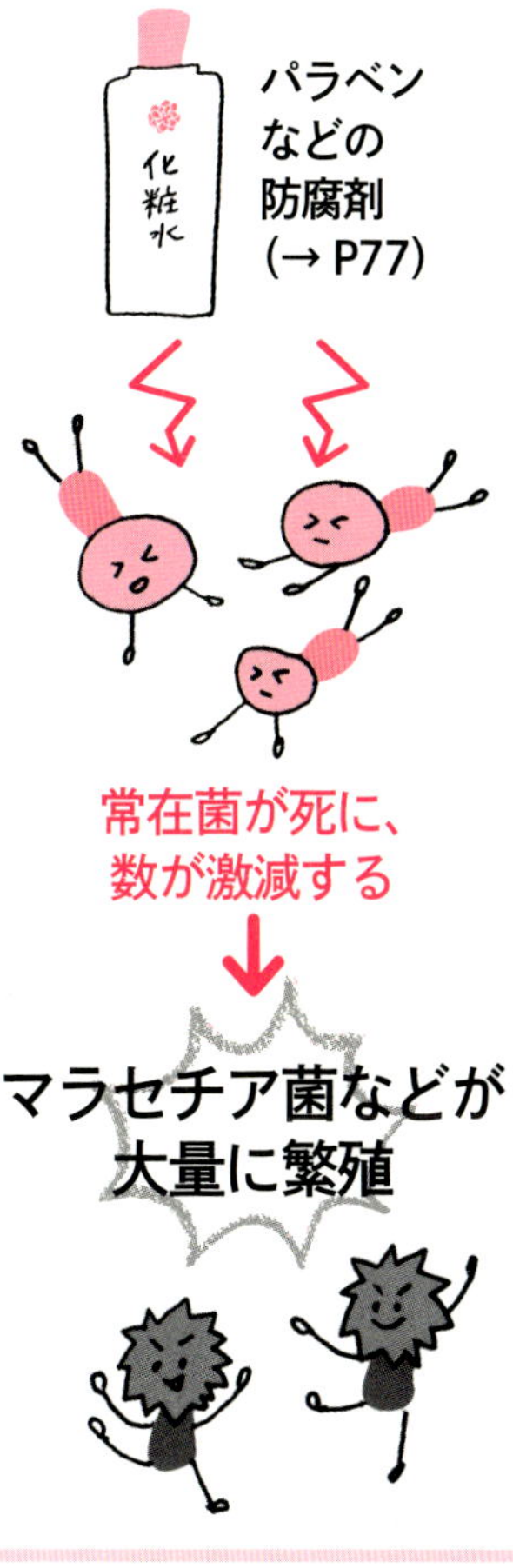
化粧水
パラベンなどの防腐剤(→ P77)
常在菌が死に、数が激減する
マラセチア菌などが大量に繁殖

黄色いブツブツがあれば真菌感染症を疑う

かゆみの原因は上記の４つです。とくに問題となるのが、真菌です。化粧品などの影響で常在菌《じょうざいきん》のバランスが乱れると、大量に繁殖することがあります。肌の赤み、乾燥などをひきおこし、かゆみをともなう場合もあります。

症状がひどく、なかなか治らないときは皮膚科で診察を受けましょう。

Ⅲ 角栓、肌のザラザラが気になる

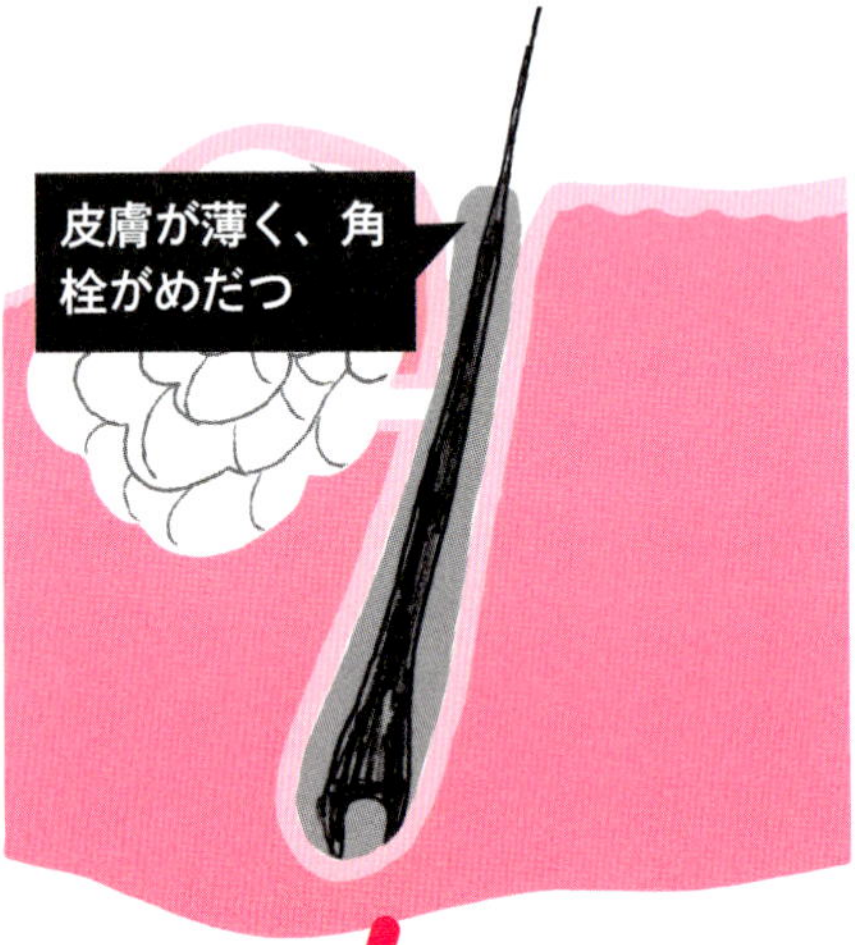
皮膚が薄く、角栓がめだつ

化粧品の使いすぎ

角栓は、皮膚という畑に埋まった大根のようなもの。化粧品の使いすぎなどで皮膚が薄くなっていると、角栓がめだつ。

角栓をとると……

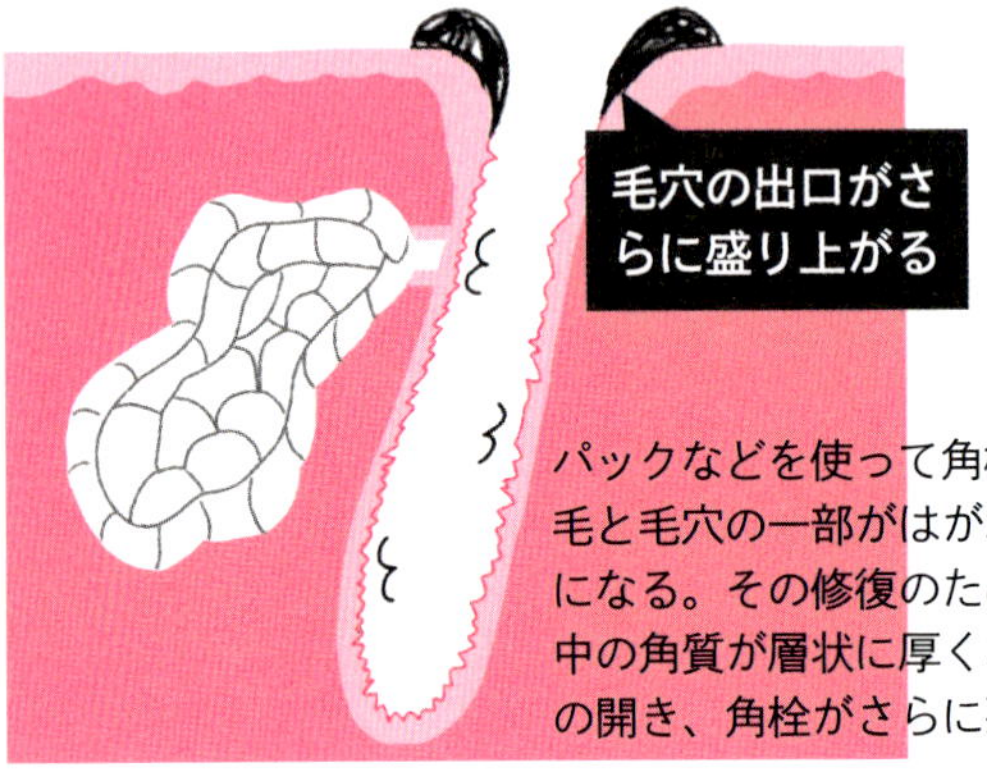
毛穴の出口がさらに盛り上がる

パックなどを使って角栓をとると、毛と毛穴の一部がはがれ落ちて傷になる。その修復のために毛穴の中の角質が層状に厚くなり、毛穴の開き、角栓がさらに悪化する。

＝

脂でベタベタ

ニキビが増える

毛穴の凹凸がめだつ

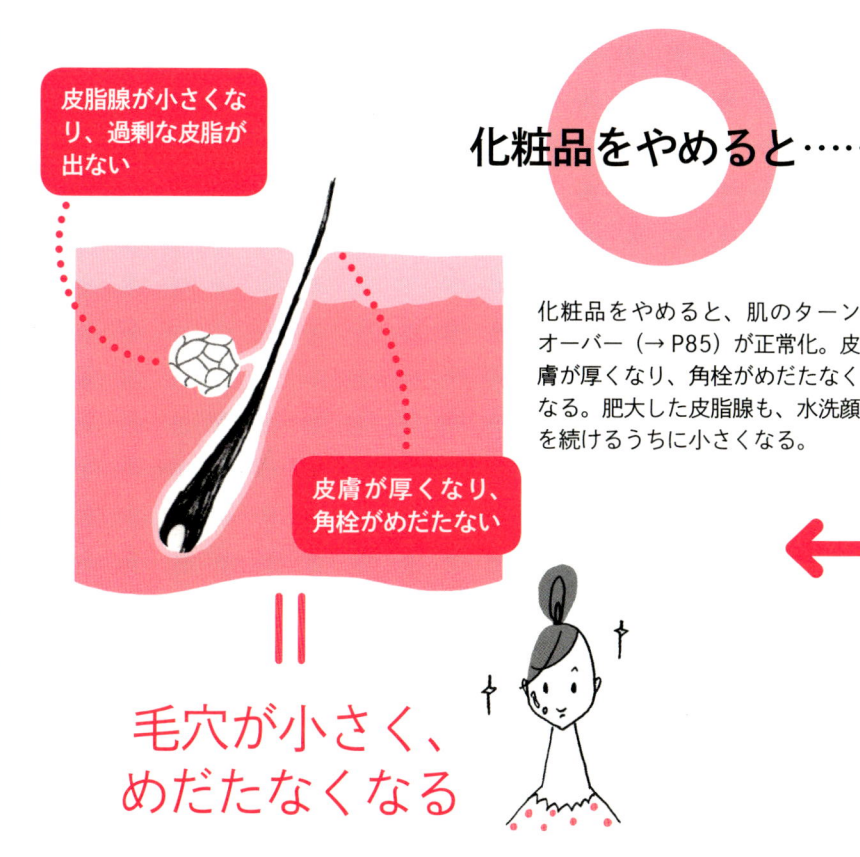

化粧品をやめると……

化粧品をやめると、肌のターンオーバー（→P85）が正常化。皮膚が厚くなり、角栓がめだたなくなる。肥大した皮脂腺も、水洗顔を続けるうちに小さくなる。

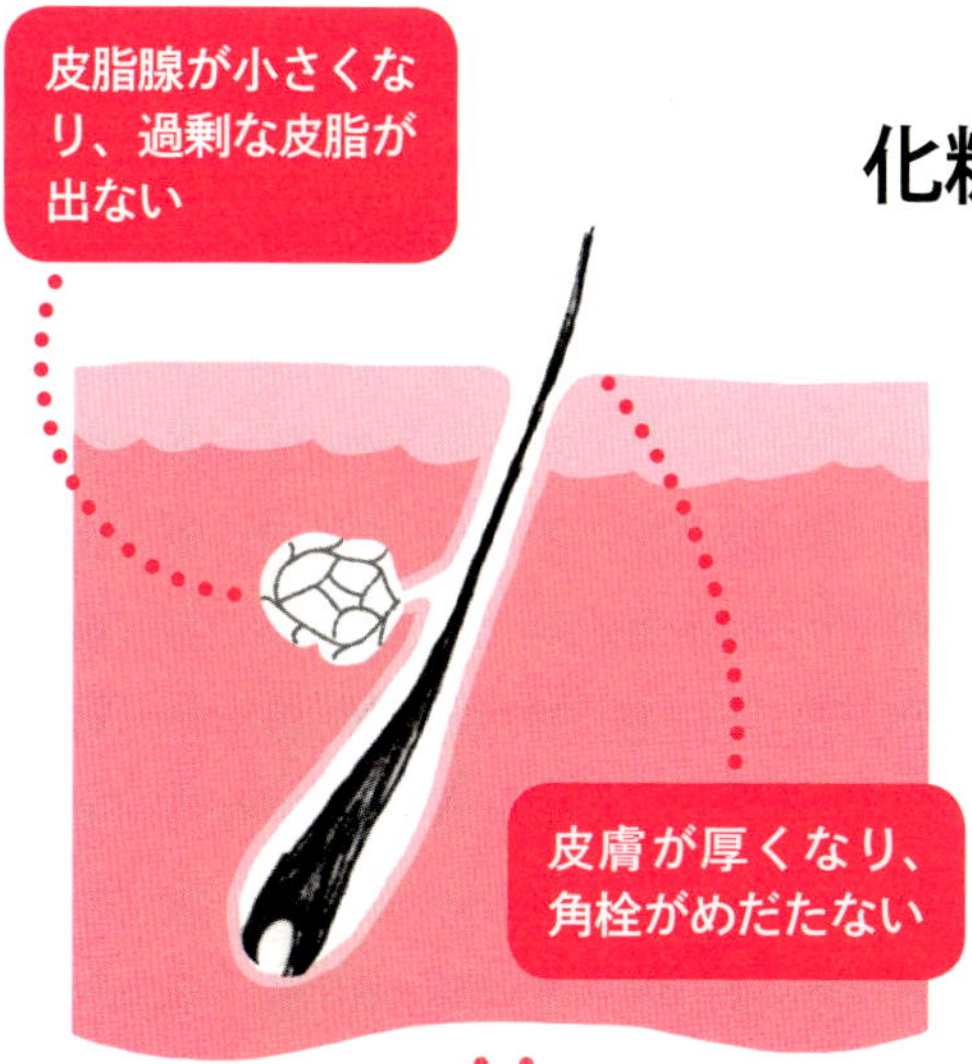
皮脂腺が小さくなり、過剰な皮脂が出ない
皮膚が厚くなり、角栓がめだたない

＝

毛穴が小さく、めだたなくなる

肌が正常化すれば角栓はめだたなくなる

角栓《かくせん》とは、退化した毛や皮脂腺《ひしせん》（→P75）の一部、はがれそこなった角質細胞（→P74）などが、毛穴の中で固まったものです。見た目はいちごの種のようにボツボツしていて、さわるとザラザラしています。

角栓がめだつ理由は、ターンオーバーの低下です。化粧品の使いすぎなどで肌が薄くなり、炎症で肥大した角栓が見えてしまっているのです。

角栓パック、角栓を押し出す器具などで角栓をとってはいけません。

化粧品をやめて水洗顔を続ければ、肌が厚くなり、角栓はめだたなくなります。洗顔後のベタつきも、2～3か月ほどで気にならなくなります。

Ⅳ アトピー、アレルギー症状が悪化した

バリア機能が壊れ極度に乾燥している

アトピー性皮膚炎は、肌バリアが機能せず、肌が極度に乾燥した状態です。さまざまな外部刺激に反応し、炎症、かゆみが起こります。

皮膚で起こるアレルギー疾患には、アレルギー性接触皮膚炎もあります。肌質を問わず、刺激の強い物質との接触などで発症します。

どちらも化粧品をやめると改善することが多いのですが、悪化した場合は、皮膚科を受診してください。

バリア機能が低下し、炎症が起きる

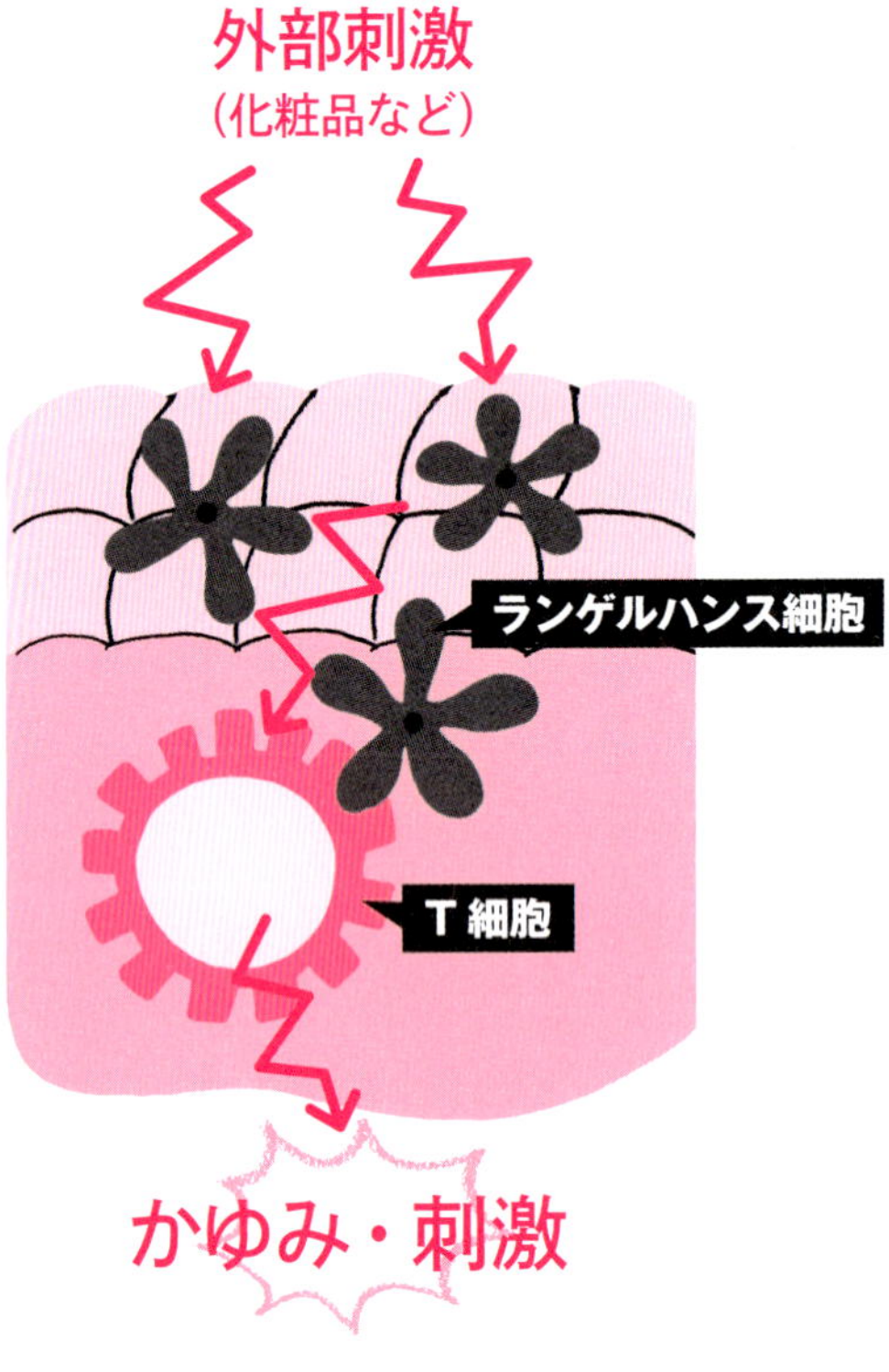

バリア機能の低下により、化粧品などの外部刺激が中に入りやすい。ランゲルハンス細胞が異物の侵入に気づき、T細胞に情報を伝え、免疫《めんえき》反応を引き起こす。

身のまわりの化学物質を減らす

アトピー、アレルギー体質の人は、肌を刺激したり、肌バリアを壊したりする化学物質をできるだけ避ける。

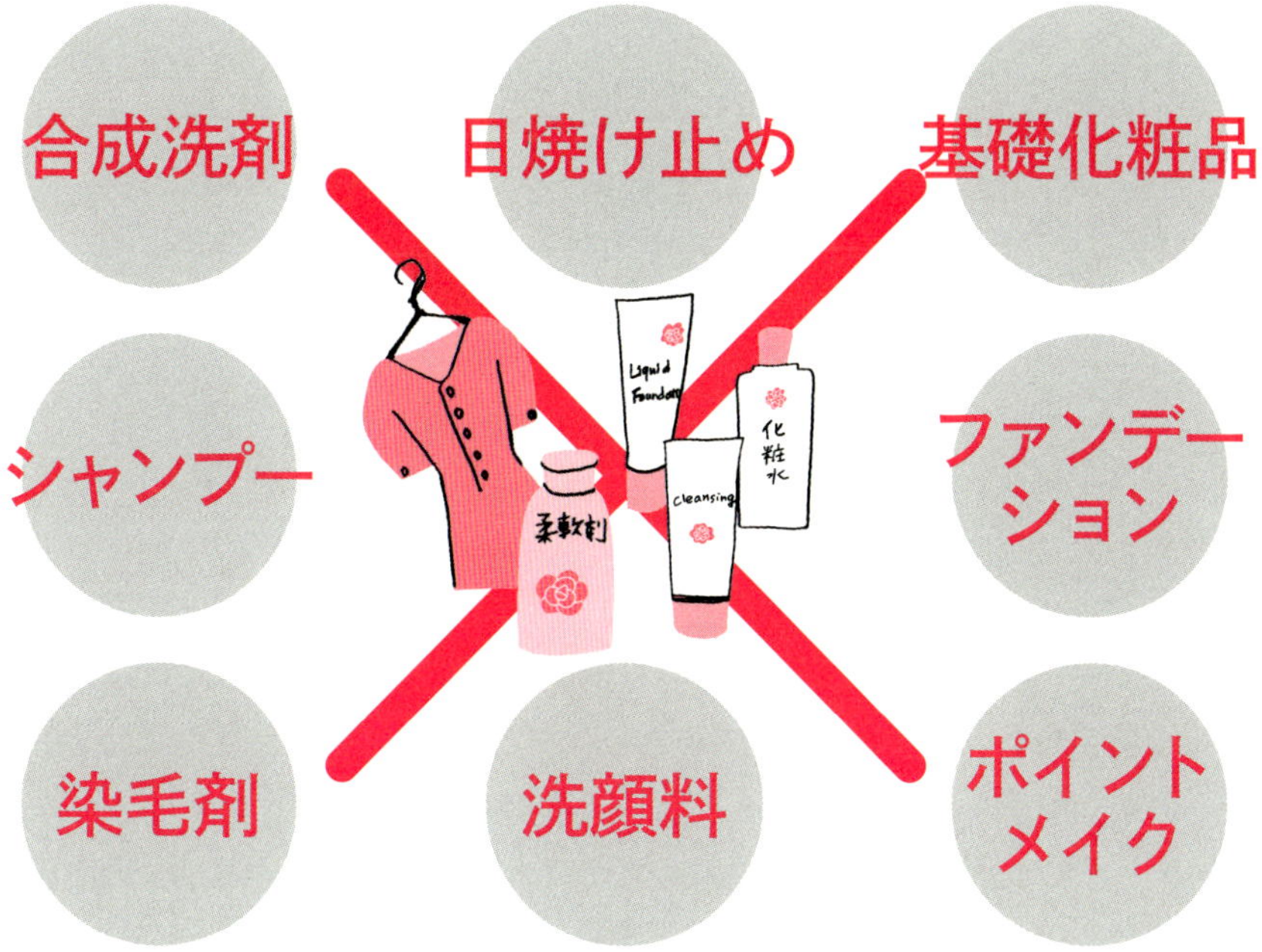

化粧品を断つ前に主治医に相談する

アトピー性皮膚炎の場合、化粧品をやめただけでは治りません。主治医に定期的に診てもらい、必要に応じて、薬物治療や生活指導を受けるのが一般的です。

スキンケアについての考えは、主治医によって違います。まずは基礎化粧品をやめたい旨を伝え、意見を聞いてください。刺激物をやめることに反対する医師は少ないと思いますが、もし反対されたら、理由を聞いてみましょう。納得したうえではじめることが大切です。

主治医がいない人は、まず本書の方法を実践し、気になることがあれば皮膚科を受診してください。

Column

うつぶせで寝るとシミが増える

マッサージやスキンケアで皮膚を強くこすると、シミ、くすみの原因になります。肌に炎症が起きるとメラニンが大量につくられ、色素沈着するためです。ナイロンタオルで体にシミができるのと、同じ原理です。

もうひとつ注意していただきたいのが、枕カバーの刺激です。

顔が沈みこむようなやわらかい枕で寝ていると、枕カバーで顔がこすれて、ほお骨のあたりにシミができます。実際に、右半身を下にして横向きで寝る人は、右のほおのシミが増えています。

うつぶせで寝る人は、顔全体がこすれるため、ほうれい線などのシワも悪化しやすいようです。

硬めの枕で、シミや乾燥を防ぐ

硬めの枕をタオルにくるんで使う

睡眠中の刺激を減らすには、まず枕の硬さを見直しましょう。

やや硬めで、顔が沈みこまないものが理想です。

枕カバーにも注意します。ナイロンなどの化学繊維、ザラザラした質感のものは避け、シルクかコットン製のものを使います。

また、日ごろから合成シャンプー剤を使っている人は、髪に残留した合成《ごうせい》界面活性剤《かいめんかっせいざい》が枕にもついています。カバーを毎日替えるか、バスタオルでくるんで使うと安心です。

枕を洗う洗剤も、合成洗剤ではなく、純石けん（→P40）を使うと肌荒れしにくくなります。

Part 3

何もしないケアがなぜいいの?
「美肌再生」の秘密

美しくなるための化粧品が
肌を荒らしているなんて、
女性にとっては信じがたいことです。
化粧品をやめると、
肌はなぜ美しくなるのでしょう。
秘密は肌の構造にあります。

コスメ好きの女性はなぜ肌がきたないのか

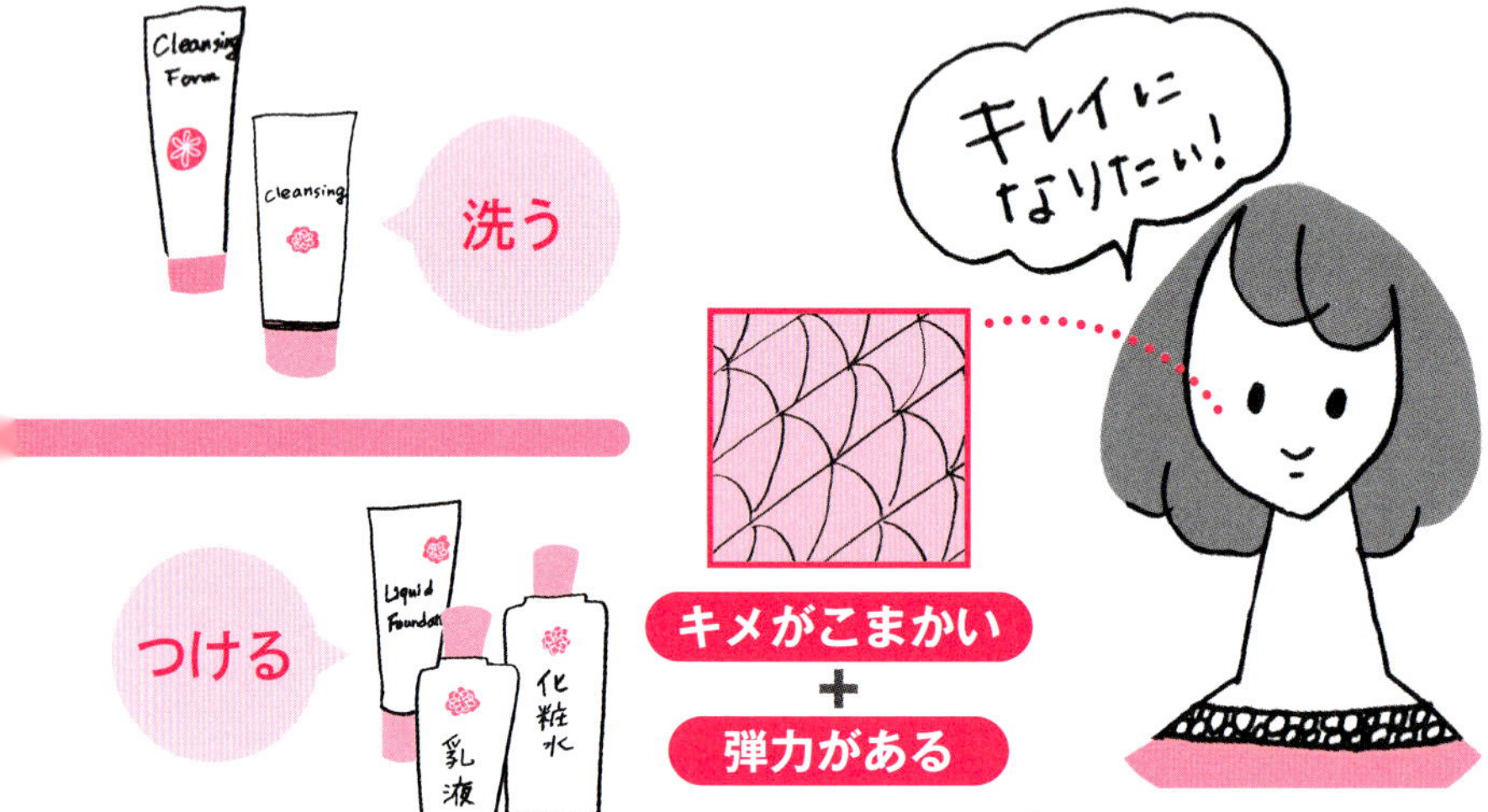

「もっとキレイになりたい」という一心で、ふっくらした健康な肌に、化粧品を使い始める。

83％の女性が重度の乾燥肌

スキンケアに熱心な人ほど、肌がボロボロ……。この事実に気づいたのは、北里研究所病院美容医学センターで、美容ドックを開設したときです。

美容ドックを受けた女性の83％が、肌が乾燥してボロボロになっていました。マイクロスコープで肌を見てみると、半数近くの人はキメがまったくなく、やけどのあとのような不健康な肌だったのです。毛穴は炎症で真っ赤になっています。

美容ドックを受診する女性は、美容に人一倍気を使っている女性ばかりです。原因は、化粧品による熱心なスキンケアでした。

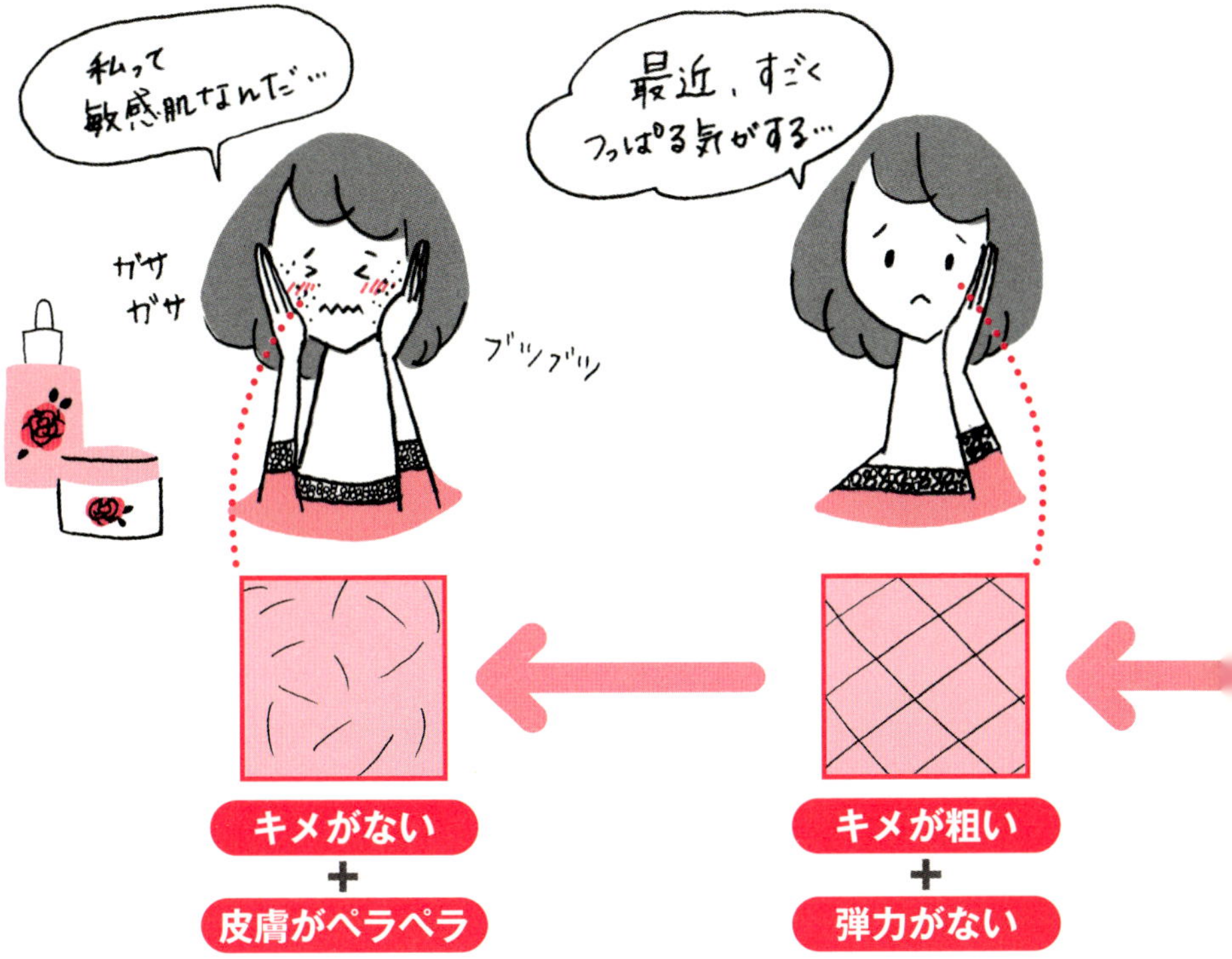
私って
敏感肌なんだ…
ガサガサ
ブツブツ
最近、すごく
つっぱる気がする…
キメがない
＋
皮膚がペラペラ
キメが粗い
＋
弾力がない

肌の赤み、テカリ、乾燥、敏感肌などが悪化し、さらに多くの化粧品を使うようになる。

化粧品によって肌の保湿バリアが壊れ、乾燥肌になる。キメが粗くなり、弾力もなくなる。

肌をいためるものを塗る必要はない

何もつけずにようすを見てもらうと、1か月後には肌のキメが再生し、毛穴の炎症もおさまりました。しかし再び化粧品を使うと、キメがなくなり、毛穴は真っ赤になってしまいます。肌が弱い人も、比較的強い肌質の人も、結果は同じでした。

このときから私は、何もつけないスキンケアの研究をはじめました。「害があるならやめればいい」という、医学的にはごく当たり前の発想です。

その結果、私が診てきた1000人以上の女性の肌が、劇的に改善しています。どんな肌質の人も、肌への害をとりのぞくだけで、美しく健康な肌が手に入るのです。

化粧品を塗るたびに肌バリアが壊れる

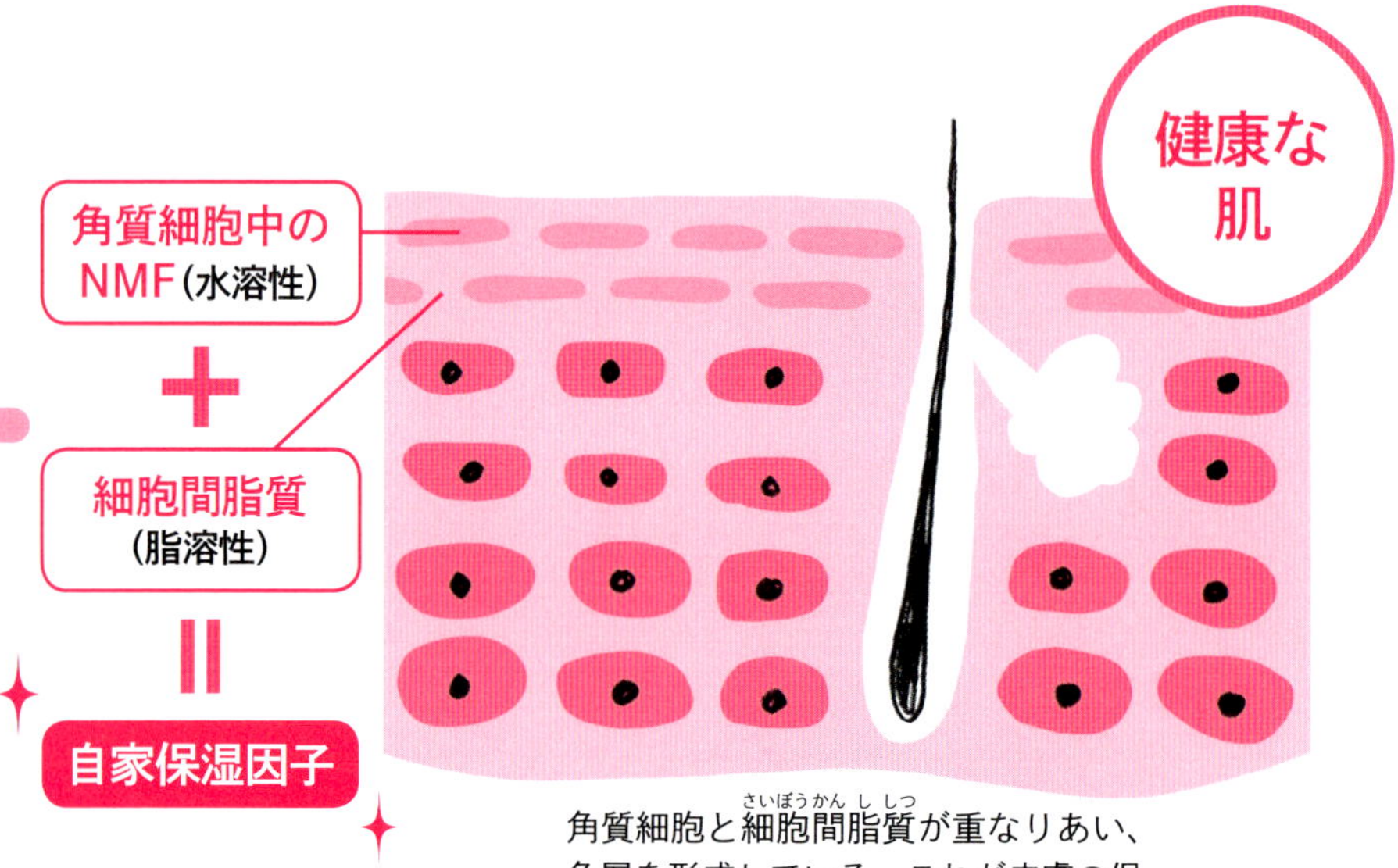

角質細胞と細胞間《さいぼうかん》脂質《ししつ》が重なりあい、角層を形成している。これが皮膚の保湿機能の主役。

化学物質が毛穴に入り炎症を起こす

肌の表面は、0・02㎜ほどの薄い膜でおおわれています。死んだ細胞（角質細胞）の集まりである角層です。角層というバリアのおかげで、肌内部の水分が保たれ、異物が中に侵入することもありません。

しかし、角層のバリアを壊す強力な成分があります。それが化粧品に含まれる界面活性剤《かいめんかっせいざい》（→P19）です。

クリームやローション状の化粧品は、それ自体が界面活性剤として作用します。美容成分を肌内部に浸透させることができるのは、界面活性剤でバリアを壊しているからです。

しかも化粧品に含まれる、種々の成分は、毛穴の中まで入りこみます。

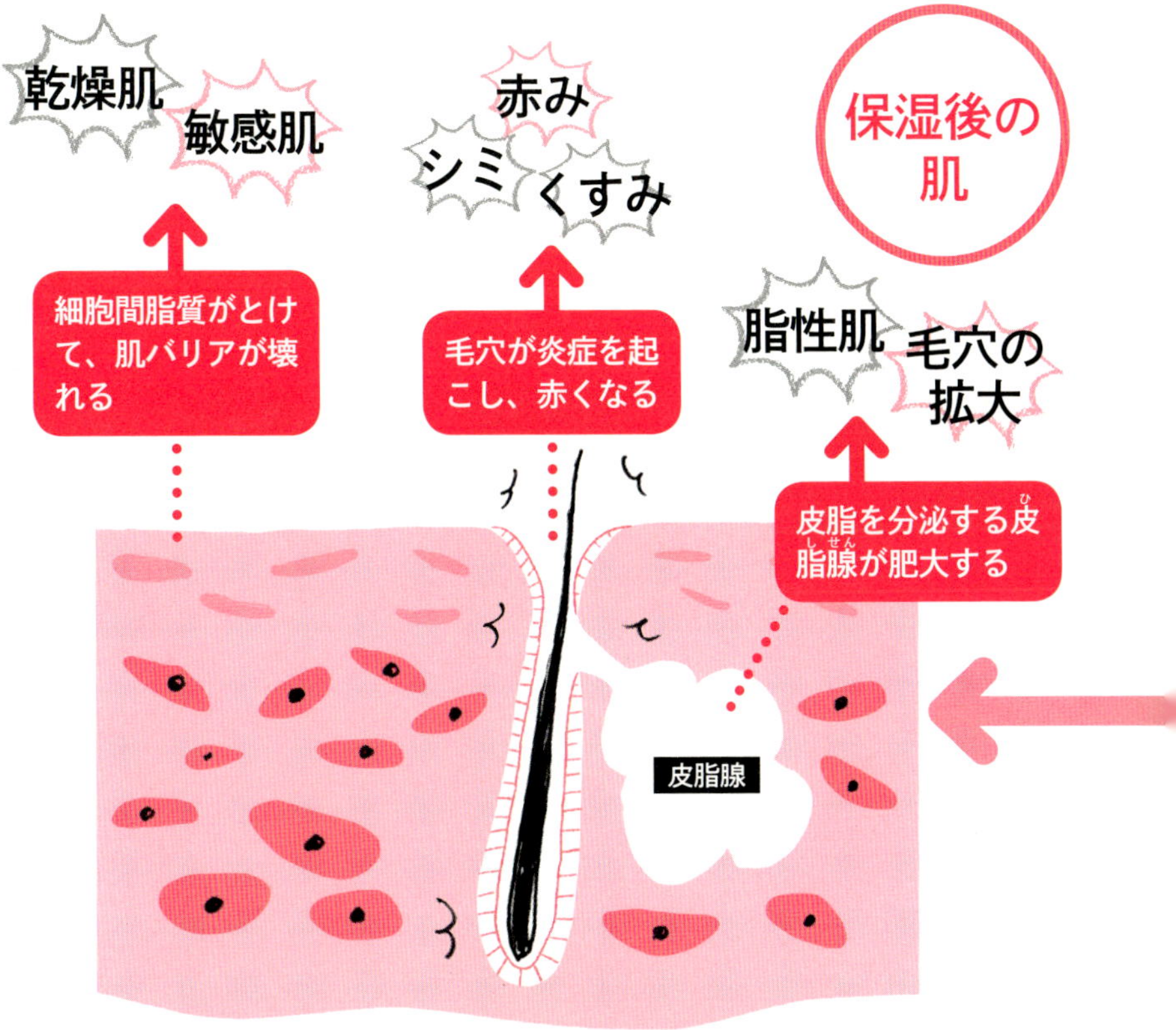

クリームも、そこに含まれる界面活性剤も、油分をとかす。そのため細胞間脂質がとけて、角層が破壊される。さらに毛穴にも界面活性剤や美容成分が入りこみ、炎症が起きる。

すると毛穴のまわりの組織は、異物を排除しようとして炎症を起こし、赤くはれ上がってしまいます。

洗顔後につっぱるのは普通じゃない

化粧品を習慣的に使っていると、角層は薄くなってひび割れ、乾燥肌になります。洗顔後に肌がつっぱるのはそのためです。クレンジング剤や洗顔料には、台所洗剤並みに強力な界面活性剤が含まれているため、洗顔後に乾燥が悪化するのです。

基礎化粧品やクレンジングをやめれば、「肌バリアを壊す」→「乾く」→「保湿化粧品を塗る」という悪循環から抜け出せます。

毛穴まわりの炎症がおさまるので、顔の赤み、色ムラもなくなります。

高価な化粧品でも保湿効果は望めない

化粧品は５つの成分でできている

Ⅰ 油性成分

- グリセリン
- 植物油
- 高級アルコール
- シリコーン油
- 炭化水素類《たんかすいそるい》
- 動物油
- 高級脂肪酸エステル

など

→過酸化脂質《かさんかししつ》に変化し、毛穴まわりで炎症を起こす

Ⅱ 乳化成分

- 界面活性剤
- 湿潤剤《しつじゅんざい》
- 分散剤
- 希釈剤《きしゃくざい》
- 保湿剤
- 起泡剤《きほうざい》
- 消泡剤《しょうほうざい》　など

合成界面活性剤は1400種以上

→角質の油分と水分をとかし、肌バリアを壊す

Ⅲ 皮膜形成剤（合成ポリマー）

- ○○○コポリマー
- ○○○クロスポリマー
- 酢酸《さくさん》／酪酸《らくさん》セルロース
- カルボマー
- ○○○樹脂《じゅし》
- PET　など

→肌表面をコーティングし、ターンオーバーを遅らせる

化粧品にはさまざまな化学物質が使われているが、おもに５つの成分にわけられる。程度の差こそあれ、肌によいものはひとつもない。

何種類もつけると
パラベンの重ね塗
りになる
乳液
化粧水

Ⅳ 防腐剤、殺菌剤、酸化防止剤

・パラベン（パラオキシ安息香酸《あんそくこうさん》エステル）
＝メチルパラベン、ブチルパラベン　など
・ソルビン酸　・サリチル酸
・BHT（ジブチルヒドロキシトルエン）　など

→常在菌《じょうざいきん》を殺し、肌のバリア機能を低下させる

Ⅴ 特殊成分（医薬部外品に入っている成分）

・ホルモン
（エストロゲンなど）
・プラセンタ
・スクワラン
・ヒアルロン酸
・コラーゲン　など

→異物として炎症をまねいたり、肌を乾燥させたりする

化学物質を塗っても肌はキレイにならない

「界面活性剤《かいめんかっせいざい》がよくないなら、界面活性剤フリーの化粧品を使えばいい」と考える人もいるでしょう。

しかし、界面活性剤を含まない化粧品はほとんどありません。しかも界面活性剤以外の成分にも、肌を美しくする効果はありません。

化粧品は、油性成分、界面活性剤などの乳化成分、合成ポリマーなどに、防腐剤、美容成分を混ぜあわせてつくられます。油性成分や合成ポリマーはツヤを出す成分ですが、肌には悪影響。防腐剤や美容成分も、炎症や乾燥の原因になります。

肌に悪い成分を避けたいなら、何も塗らないのがいちばんです。

どの化粧品も100％安全とはいえない

ネガティブリスト

↓

ポジティブリスト以外で制限がある成分、使ってはいけない成分

✕ **塩化ビニル**
クロロホルム

△ **安息香酸《あんそくこうさん》**
サリチル酸　など

ポジティブリスト

↓

配合量に制限がある成分

防腐剤

タール色素

紫外線吸収剤

↓

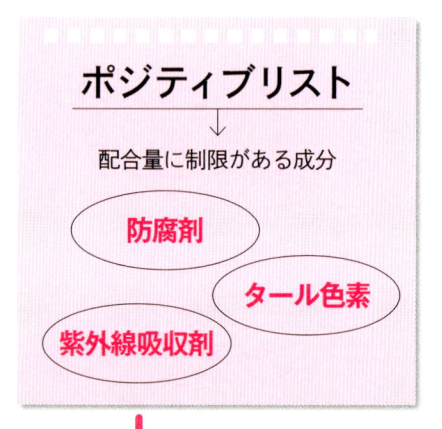

その他の成分は、成分名を表示すれば企業の責任で使える

10年先の安全性は誰も保証できない

「肌に悪いものが認可され、売られているはずがない」と思う人もいるでしょう。しかし化粧品は薬と違い、明確な効果がないことが前提なので、効果を裏づける客観的なデータはありません。安全性も、基本的には企業の責任で調べられています。

しかも人の健康に対する影響は十分に確認されていませんし、テスト期間もごく短期間。5年後、10年後の安全性は誰にもわからないのです。

現に、環境ホルモン（内分泌《ないぶんぴつ》かく乱物質）が疑われる成分を含むものもあります。体内のホルモンと似た作用をもつ化学物質で、子宮内膜症《しきゅうないまくしょう》などの病気に関係するといわれます。

医薬部外品、オーガニック化粧品にもリスクがある

オーガニック化粧品
「植物＝安全」ではない
何が無添加かわからない
無添加
無香料
防腐剤のみ無添加で、合成界面活性剤がたっぷり入った無添加化粧品もある。また、天然成分にも毒性が強いものがあり、肌にやさしいとはいえない。
医薬部外品
美白化粧水
医薬部外品
国が指定する有効成分以外は、表示しなくてよいことになっているので、何が使われているかわからないことも。
[有効成分]
グリチルリチン酸、ビタミンＣ誘導体
[その他成分]
……
その他は省いても OK

医薬部外品だから安心とはいえない

化粧品は現在、すべての成分を表示することが義務づけられています。

しかし成分表示を見ただけで、どんな成分がわかる女性はまずいないでしょう。合成界面活性剤《ごうせいかいめんかっせいざい》にいたっては、1400種以上の成分があります。消費者個人が安全性を確認することは、ほぼ不可能です。

また医薬部外品の場合は、国が指定する有効成分以外は記載しなくてよいことになっています。「効きそう」と思ってとびつくと、肌や体によくない成分をとりこむことになりかねません。

長期的な安全性が確認できないものを塗り続けるのはやめましょう。

肌に油分を塗ると乾燥がひどくなる

「皮脂＝うるおい」説は過去の常識

　油分を補給しないと、肌が乾いてしまうという人もいます。肌の上の皮脂膜が、うるおいを守っているという考えかたです。

　しかしこの説は、30年以上前の常識。油分を塗っても肌のうるおいにならないことは、現代の皮膚科学では常識といえます。

　毛穴から出た皮脂も、肌の保湿には役立ちません。時間とともに酸化し、肌の刺激になるだけです。

　全身の皮膚を見ても、皮脂腺《ひしせん》（→P75）が少ない場所ほどキメのこまかい肌が保たれています。顔や背中などの皮膚は荒れやすいのに対し、内ももの皮膚は非常にキレイです。

油が毛穴に入りこみ、炎症を起こす

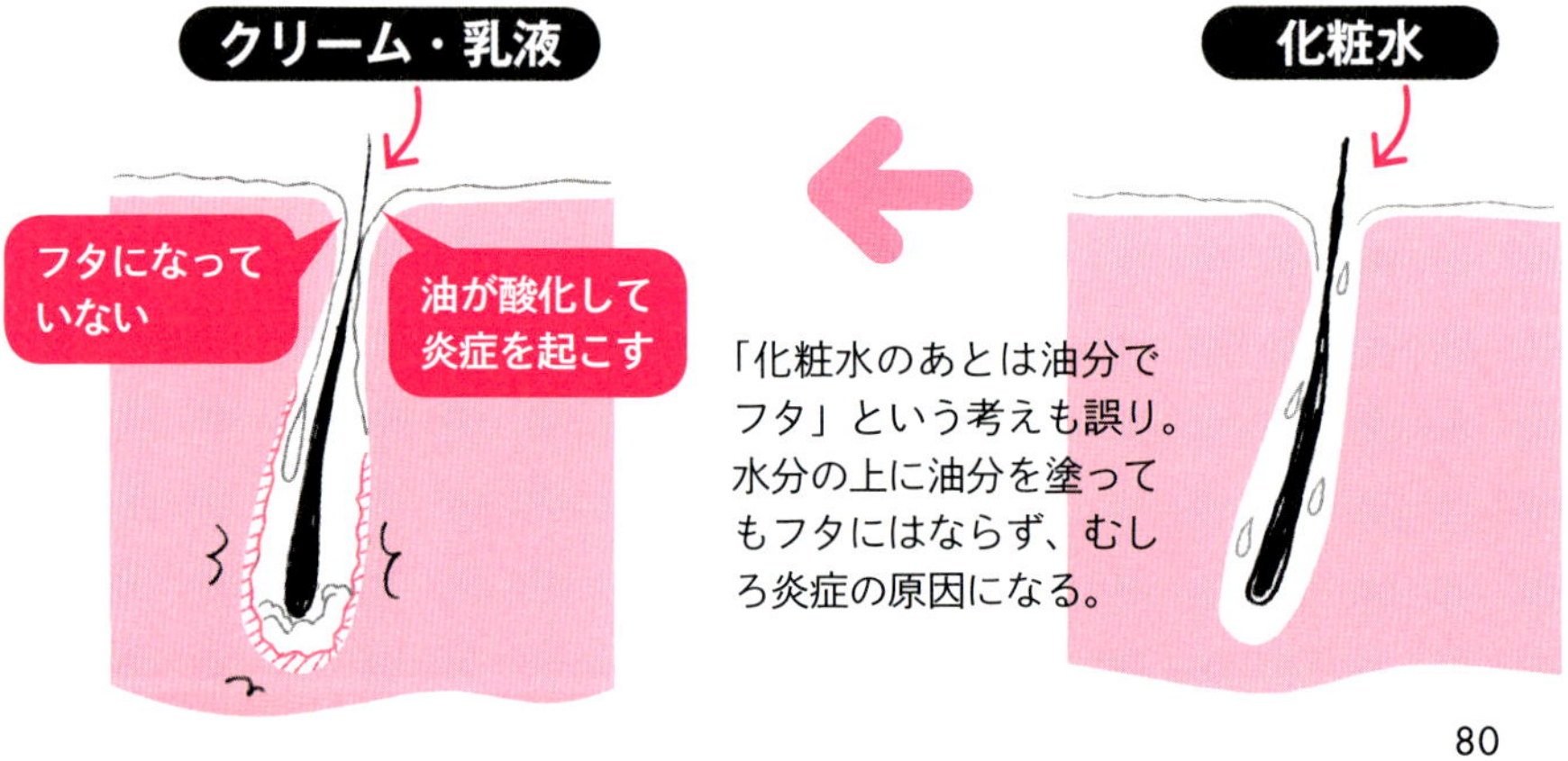

「化粧水のあとは油分でフタ」という考えも誤り。水分の上に油分を塗ってもフタにはならず、むしろ炎症の原因になる。

皮脂が少ない場所は、肌がキレイ

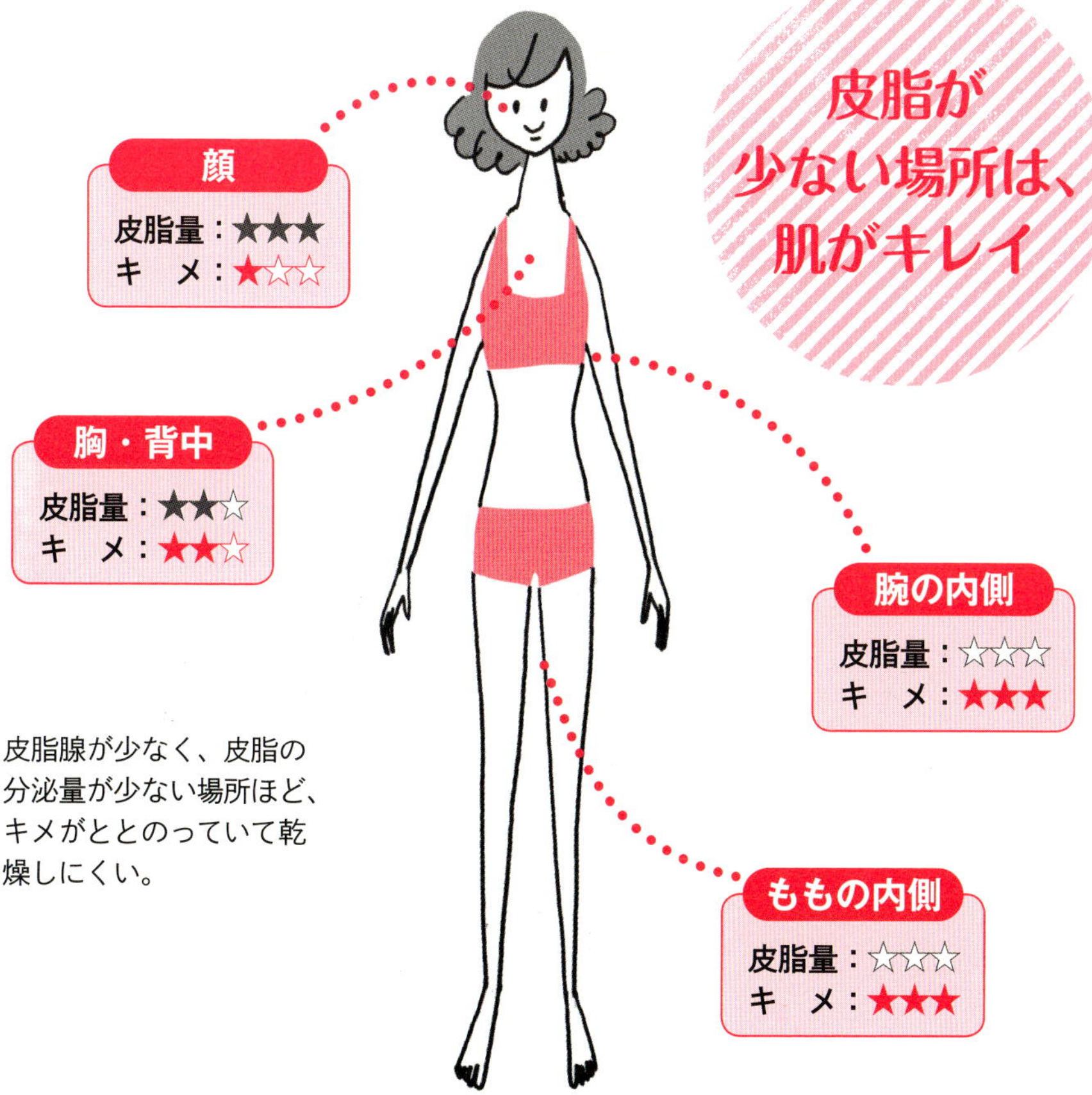

皮脂腺が少なく、皮脂の分泌量が少ない場所ほど、キメがととのっていて乾燥しにくい。

美容クリームはくすみ、シミの原因になる

化粧品で油分を補給し続けると、くすみやシミの原因になります。毛穴の中で酸化、変性し、周囲の組織を傷つけるためです。クリーム類や、それに含まれる界面活性剤《かいめんかっせいざい》も、組織を傷つける原因です。

組織が傷つくと、メラノサイトという色素細胞がメラニンを大量につくり、傷ついた皮膚組織を紫外線の害から守ろうとします。

肌の色素であるメラニンが増えれば、肌はくすみ、黒ずみ、シミができます。目のクマも悪化します。

美肌効果を求めてクリーム類を塗り続けると、皮肉なことに、肌トラブルを悪化させてしまうのです。

UVケアをしすぎると老け顔になる

1日15分の紫外線なら光老化は起こらない

大量の紫外線を何十年もあび続けると、メラニンが少しずつ蓄積して、肌がくすみます。新しい細胞をコピーするための遺伝子が傷つき、シミやシワができることもあります。これが光老《ひかりろう》化《か》です。

光老化の危険性は、いまや日本中の女性に浸透しているようです。日焼け止めや日傘は常識。アームカバーを愛用する人もいます。

しかし人の体には、メラニンの蓄積を抑えたり、遺伝子の傷を修復したりする力があります。

界面活性剤《かいめんかっせいざい》を含む日焼け止めを毎日塗り続けると、この力が弱まり、肌が老化する可能性が高まります。

紫外線で免疫力を高め、老化を防ぐ

紫外線にはよい面もあります。健康な骨を維持し、免疫力アップにも役立つビタミンＤの合成作用です。紫外線を避けすぎるとビタミンＤが不足し、骨粗しょう症などの病気をまねきます。

その好例がアラブの女性です。宗教的な理由で顔や体を布でおおって生活しているため、骨粗しょう症のリスクが高いことがわかり、ＷＨＯから勧告を受けています。

骨粗しょう症になると、顔の骨が薄くなって縮むので、顔じゅうに重度のたるみやシワができます。

健康で美しい体のために、過剰なＵＶケアはいますぐやめましょう。

骨粗しょう症になると深いシワ、たるみができる

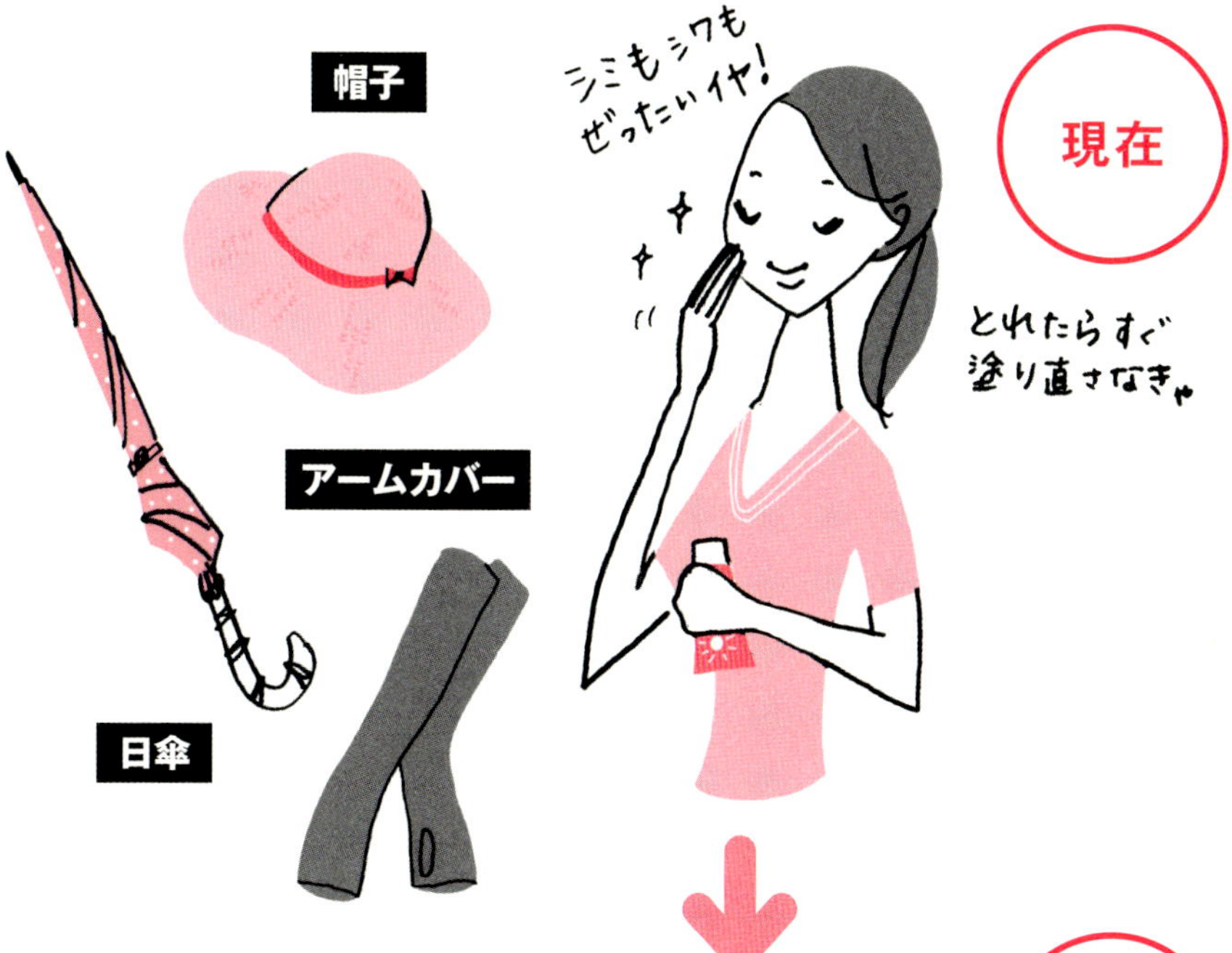
帽子
アームカバー
日傘
シミもシワも
ぜったいイヤ！
とれたらすぐ
塗り直さなきゃ
現在

20年後
こんな
はずじゃ…
骨粗しょう症を発症
骨が薄くなり、
シワ、たるみができる

紫外線をシャットアウトすると、骨粗しょう症のリスクが高まる。骨粗しょう症になると、顔の骨が１～２㎜も薄くなって皮膚が余り、たるみやシワができる。目もとが深くくぼむのも特徴で、いわゆる老人顔になる。

しっとりした肌は不健康。サラサラ素肌をめざす

0日目

表皮のいちばん下の基底層《きていそう》で細胞分裂が起こり、新しい細胞が生まれる。

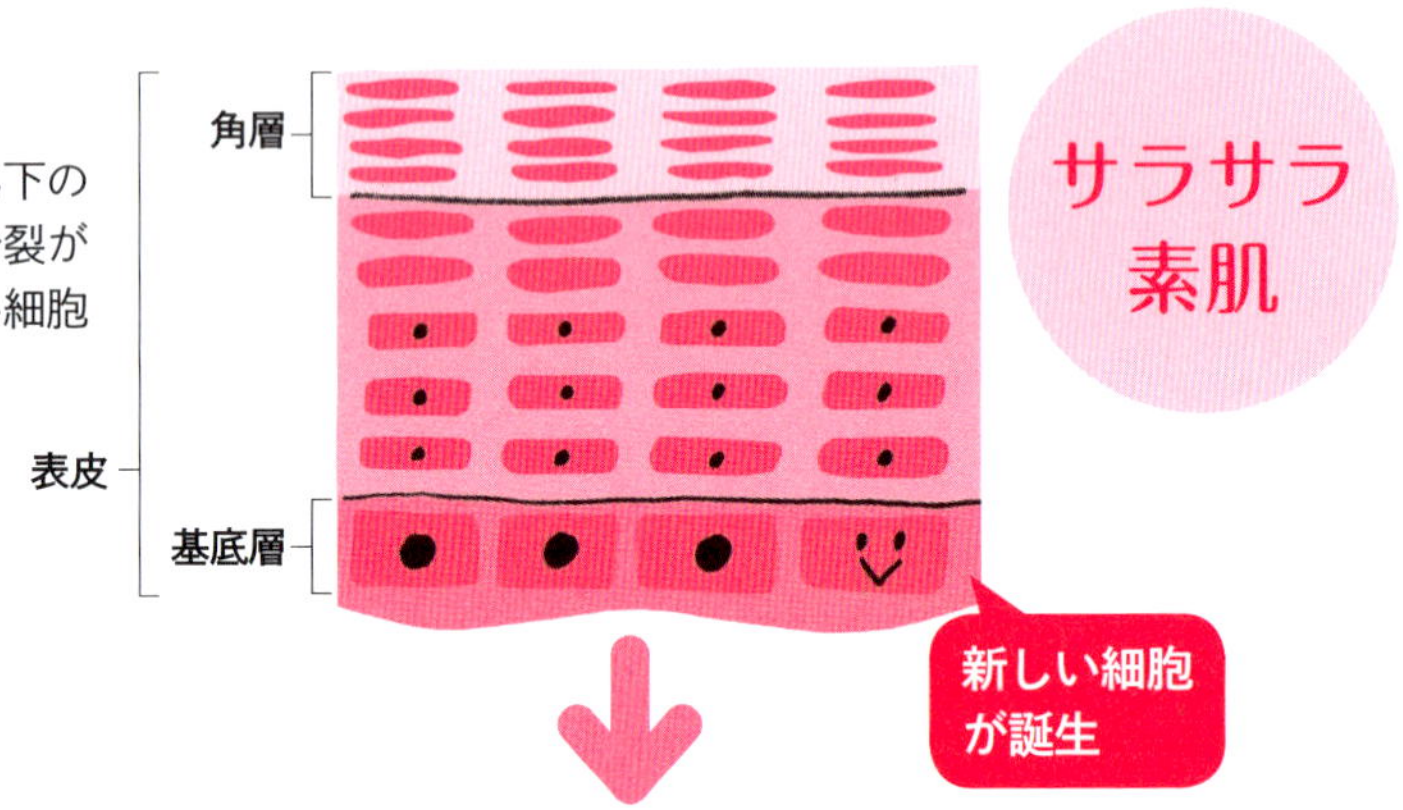

14日目

表皮細胞は 14 日ほどで角層のすぐ下まで押し上げられ、寿命を終える。死んだ細胞は角質細胞となる。

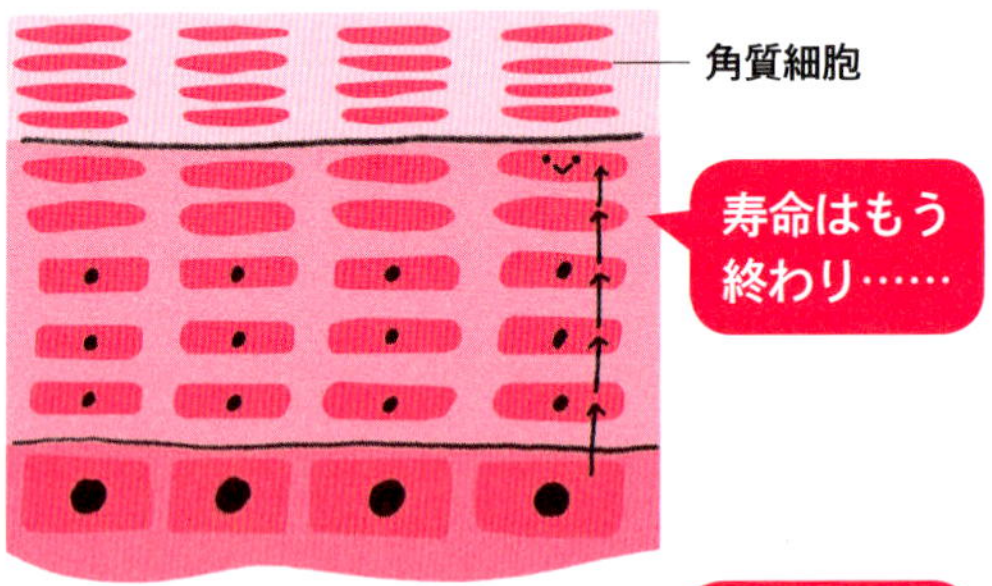

28日目

角層で保湿バリアとして働いたのち、垢として落ちる。その知らせを受けて、また新たな細胞が 1 個つくられる。

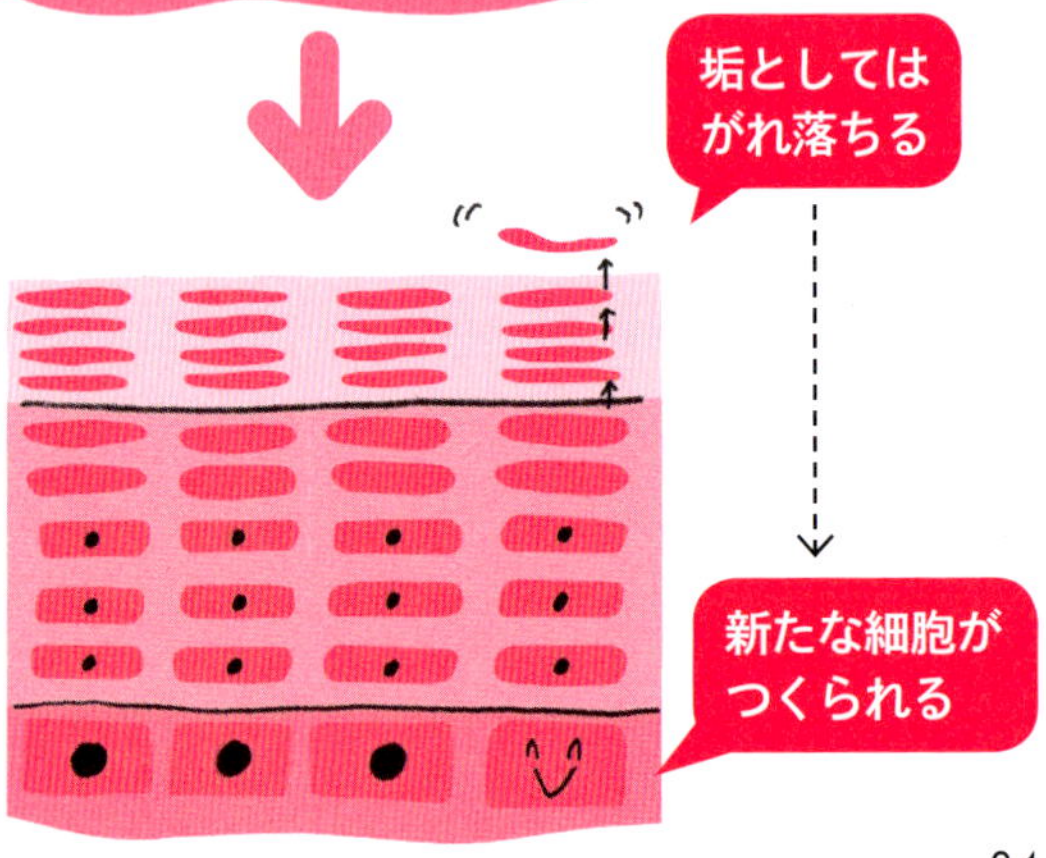

しっとりツヤ肌

肌表面に油分や合成ポリマー（→ P76）を塗っていると、垢がはがれにくくなり、新しい細胞がつくられない。

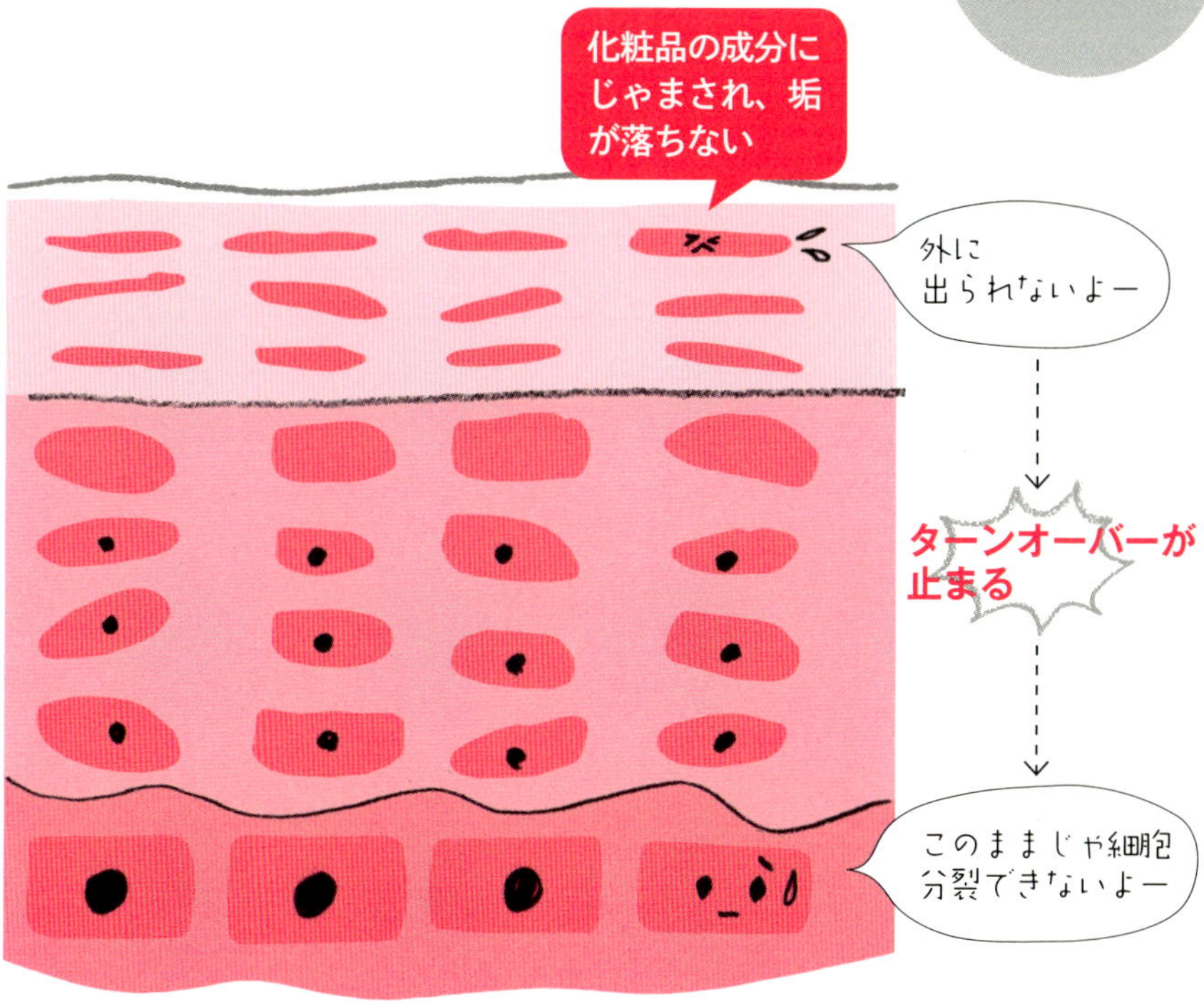
化粧品の成分にじゃまされ、垢が落ちない
外に出られないよー
ターンオーバーが止まる
このままじゃ細胞分裂できないよー

しっとりした肌はターンオーバーが遅い

しっとりツヤツヤ肌が美しいというのは、誤った思いこみです。健康な肌は本来、桃の表面のようにマットな質感です。ではなぜ、しっとりツヤツヤの肌は不健康なのでしょう。

肌の細胞は、28日周期で生まれ変わっています（ターンオーバー）。表《ひょう》皮《ひ》の奥で生まれた細胞はやがて垢《あか》としてはがれ落ち、また新しい細胞が生まれます。

ところが化粧品で肌をしっとりさせると、垢がはがれにくく、ターンオーバーが遅くなります。メラニンを含む細胞がたまり、肌はくすみます。

見せかけのツヤにまどわされず、サラサラの美肌をめざしましょう。

さわらない、こすらない。角質細胞を守って美肌になる

角質細胞は小さく傷つきやすい

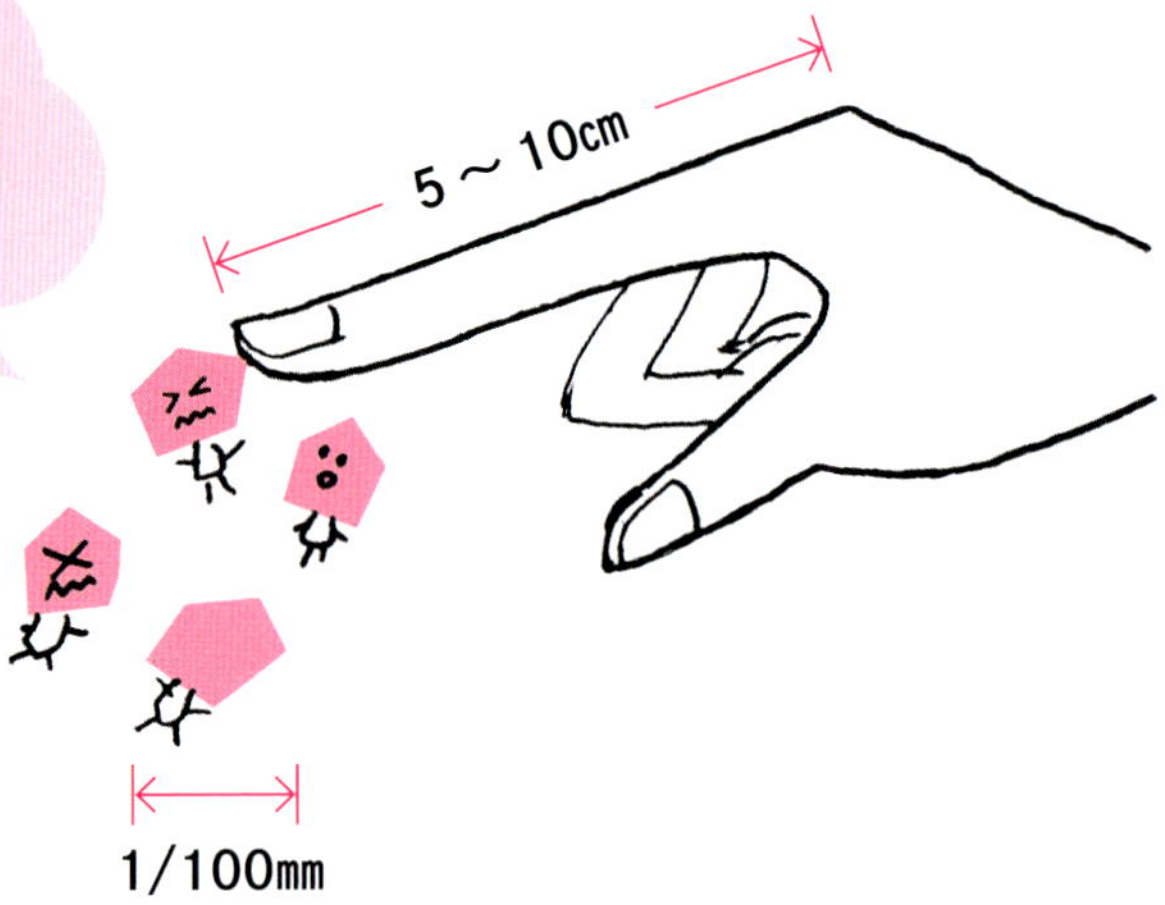

角質細胞の大きさは1/100㎜程度で、厚みはわずか1000分の1〜2㎜。
手でこすったり、水が勢いよくあたったりするだけで傷つく。

肌をこすると3〜4日はもとに戻らない

肌の保湿の主役は、角質細胞（→P74）でできた角層です。

角質細胞は、上に押し上げられる過程で熟成され、保湿力を高めていきます。垢《あか》として落ちる直前の細胞は、最高の熟成度。美容液の保湿成分など、足もとにもおよびません。

ただし角層は非常に薄く、0・02㎜ほどしかありません。強くこすると角質細胞がはがれ落ち、その後3〜4日間は修復されません。大切な保湿機能が失われてしまうのです。

クレンジング剤やクリームをすりこむのはもちろん、タオルでこする、洗顔時にこするなどの刺激はできるだけ避けましょう。

顔への接触刺激を減らす

肌をいためる強い刺激をひとつでも減らすことが、健康な美肌への第一歩。

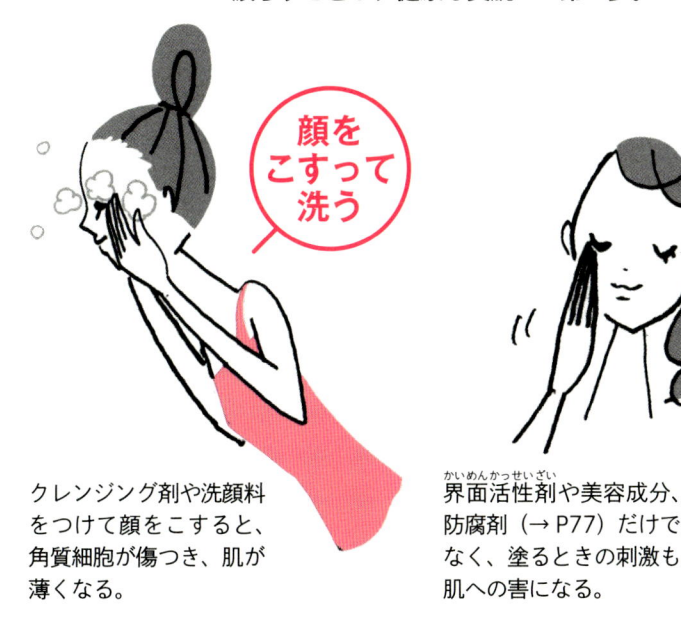

顔をこすって洗う

クレンジング剤や洗顔料をつけて顔をこすると、角質細胞が傷つき、肌が薄くなる。

化粧品を塗る

界面活性剤《かいめんかっせいざい》や美容成分、防腐剤（→ P77）だけでなく、塗るときの刺激も肌への害になる。

マスクをする

マスクをしたまま会話をすると、肌がこすれる。ティッシュ類は、肌がこすれるうえ、製造時に使われた漂白剤が残っていることもある。

ティッシュで鼻をかむのも刺激になる

何となくさわる

顔や髪をやたらとさわるのもだめ。とくに合成シャンプー剤や染毛剤を使っている人は、手についた化学物質が顔につき、肌荒れの原因に。

「育菌」で健康な素肌をとり戻す

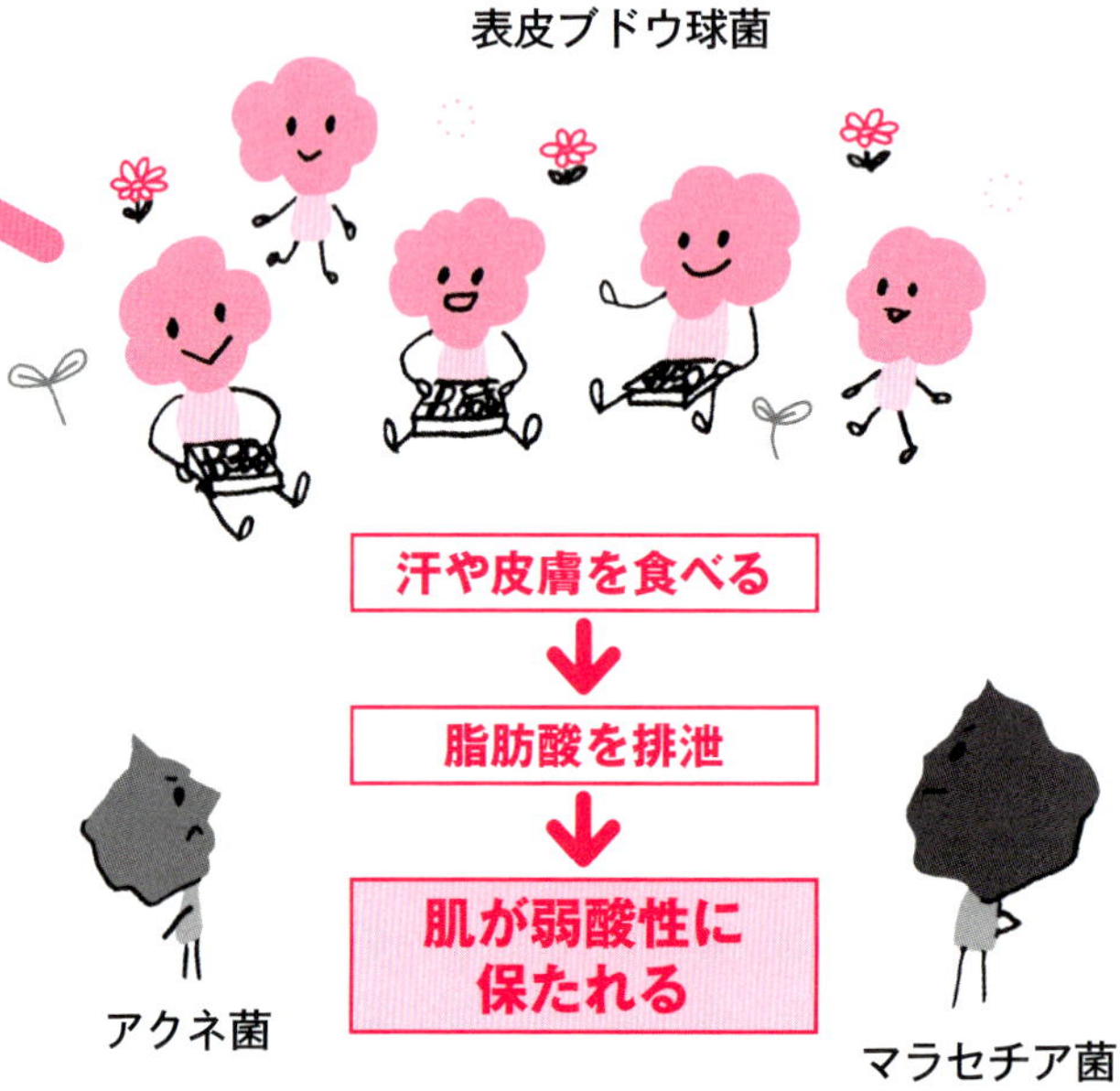
表皮ブドウ球菌がいるので、ほかの菌は増殖できない

健康な肌

肌にすみつく菌のうち、もっとも多いのは表皮《ひょうひ》ブドウ球菌《きゅうきん》。汗や皮脂を食べて脂肪酸として排泄し、肌を弱酸性に保っている。

パラベンの殺菌効果は消毒薬より強い

化粧品が腐らないのは、パラベンなどの強力な防腐剤（→P77）が含まれているから。化粧品を1日2回、しかも何種類もつけている人は、つねに顔じゅうを消毒しているようなものです。その影響で、肌の健康を守る常在菌《じょうざいきん》は減少し、感染症や肌荒れが起こりやすくなっています。

代表的なのが、マラセチア菌（→P65）の感染症です。真菌の一種で、肌の不調を引き起こします。

よい菌がすみやすい環境をつくる

マラセチア菌の重症感染症は、皮膚科で治療します。しかし常在菌が

クレンジング・化粧品

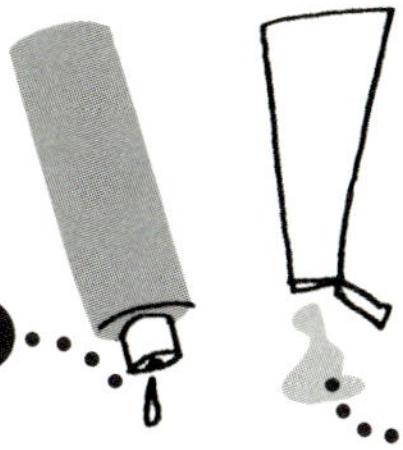

界面活性剤

パラベン

パラベン、安息香酸《あんそくこうさん》などの防腐剤を含む化粧品を使い続けると、表皮ブドウ球菌などの常在菌が激減する。

肌がアルカリ性になる

不健康な肌

弱酸性の脂肪酸がなくなり、肌がアルカリ性にかたむく。するとアルカリ性を好む病原菌が大量に繁殖する。

マラセチア菌が大量繁殖

極端に減った肌では治りにくいうえ、再発のおそれがかなりあります。

根本的な解決策は、化粧品をやめて常在菌を増やすこと。

洗いすぎもよくありません。洗顔料はもちろん、ボディシャンプー、シャンプー、ハンドソープにも防腐剤が含まれています。なるべく使わないようにしてください。

Column

防腐剤フリーの化粧品に注意

防腐剤フリーの化粧品であっても、安心はできません。界面活性《かいめんかっせい》剤《ざい》が含まれているからです。

界面活性剤で肌バリアを壊し、細菌が簡単に繁殖できる環境をつくり出してしまうので、細菌感染のリスクが高まります。

不安になったら マイクロスコープで キメを見る

自宅で使えるマイクロスコープ

携帯端末につけて撮影し、画面上で肌を見るもの、パソコンの画面で画像をチェックするものなどがある。肌表面だけでなく、肌内部の状態がわかるものを選ぶ。

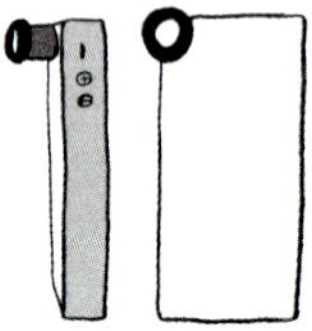

1 あご下のキメをチェック

あごの下は化粧品によるダメージや接触刺激が少ないので、本来の肌質を知る基準となる。

化粧品をやめたことで、キメが再生していくようすがわかる

2 ほおの頂点のキメをチェック

ほお、目もとなど、ダメージが現れやすい場所をチェック。化粧品をやめた結果、キメが回復していくようすがわかる。

キメがよみがえり中から健康な肌になる

Ⅲはまったくキメのない最悪の肌で、スキンケアに熱心な人の大半はこの状態。化粧品をやめると、徐々に０レベルの肌に近づく（→ P10）。

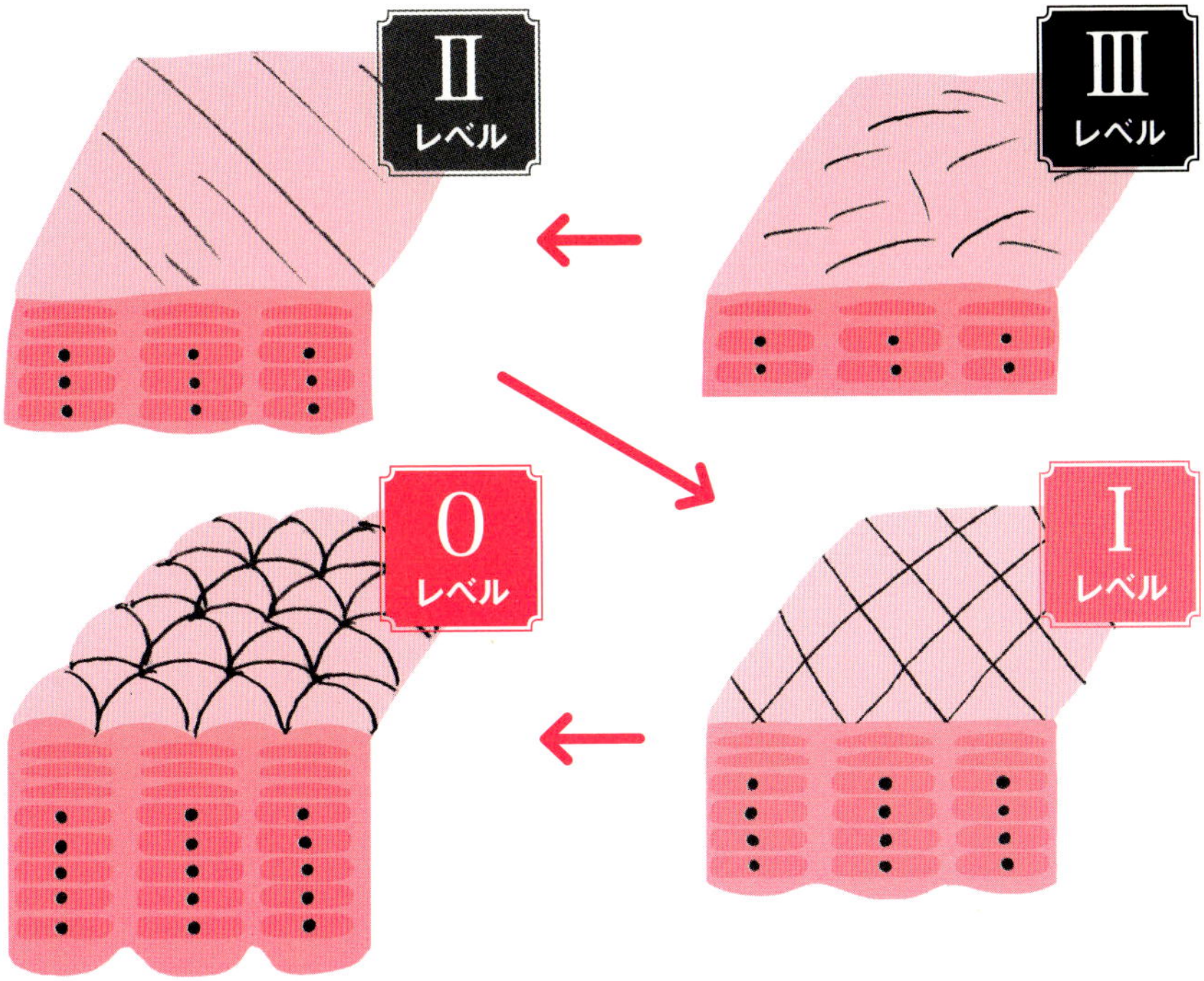

感触がカサついていてもキメは回復している

化粧品をやめると、カサつきが気になったり、本当に改善しているのか不安に感じることもあります。そんなときは、肌表面を見るマイクロスコープ（ビデオマイクロスコープ）で肌のキメを調べてみましょう。

肌のキメとは、肌表面にある網目状の溝です。化粧品を長く使っている人は、キメの溝が浅いか、まったくない状態。化粧品をやめると、キメが徐々に深く、こまかくなり、健康な美肌へと近づいていきます。毛穴の炎症、赤みがなくなっていくようすもひと目でわかります。

個人差はありますが、たいていは1か月ほどで変化を実感できます。

肌を傷つける5つの美顔法

肌を傷つけているのは、化粧品だけではありません。ピーリングやマッサージなどの美容法も、乾燥、シミ、シワの原因となります。

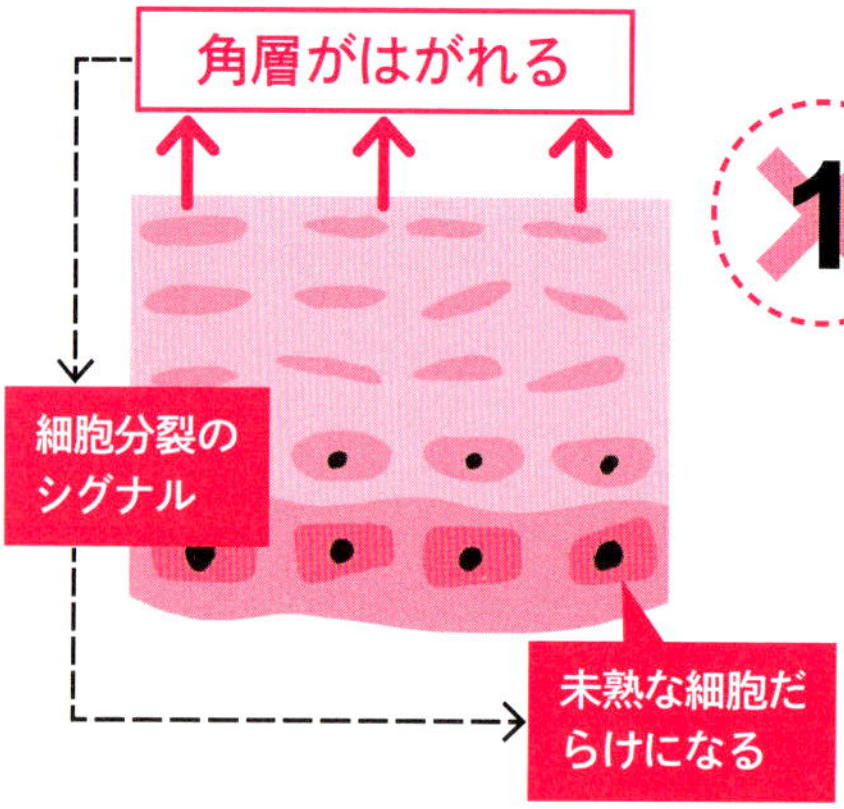

✕1 スクラブ洗顔&ピーリング

スクラブ洗顔料やホームピーリングで角層の表面をこすり落とすと、肌表面が一時的にやわらかくなり、ツルツルの美肌に見えます。

しかし保湿機能の高い角層を落とし、ターンオーバーを無理に進めると、結果的にはひどい乾燥肌になります。

✕2 美顔&表情筋マッサージ

軽くこするだけでも、肌の保湿機能はそこなわれます。ましてつねったりひっぱったりすれば、角層の構造が破壊されてしまいます。表皮《ひょうひ》と真皮《しんぴ》のかみあわせがずれて、表皮の下にすき間ができてしまうことも。実際に、強力なマッサージ後の肌をマイクロスコープで見ると、表面に浅い傷がたくさんできています。

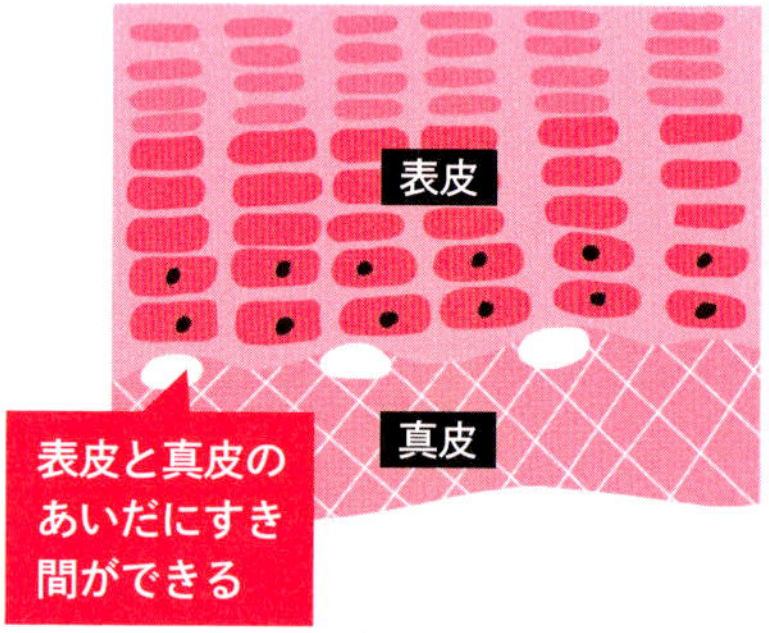

3 美顔ローラー＆美顔器

器具で強くこする刺激も、角質細胞を傷つけ乾燥や小ジワの原因になります。美容成分を浸透させるタイプも市販されていますが、毛穴に異物を入れれば、炎症が起きるのは確実。赤みや色ムラが悪化しかねません。

こする刺激で角質細胞が傷つく

4 シートマスク

極度の乾燥肌になる

肌表面に水分をのせても、肌を乾燥させる作用しかありません(→ P24)。肌への刺激になり、長時間使うほど肌は確実に乾燥します。ヒアルロン酸などの粘り気が、うるおった気分にさせるだけです。コットンを使ったローションパックも同じです。

5 ホットタオル

ホットタオルで毛穴を開くという美容法もあります。しかし毛穴を開いても、肌は美しくなりません。水分を含む高温のタオルを肌にあてれば、肌はあとから乾燥してきます。リラクセーション目的でおこなう場合は、タオルをビニール袋に入れてから肌にのせてください。

どうしてもやりたい人はビニール袋を使う

肌が元気になる5つの習慣

有害な成分をとりのぞくだけで、肌は確実にキレイになります。さらに美しくなりたい人は、毎日の食事や生活習慣に気を配ってください。

1 毎日同じ主食をとる

「たんぱく質、コラーゲンは美肌のもと」といわれますが、これは間違い。食べたものがそのまま肌の栄養になることはありません。美肌をつくるビタミンなどの栄養素は、腸内細菌が深くかかわっています。

腸内細菌は、主食の成分をもとに必要な栄養素を合成しています。同じ栄養素をつねにつくり続けられるよう、毎日同じ主食（米）をとりましょう。

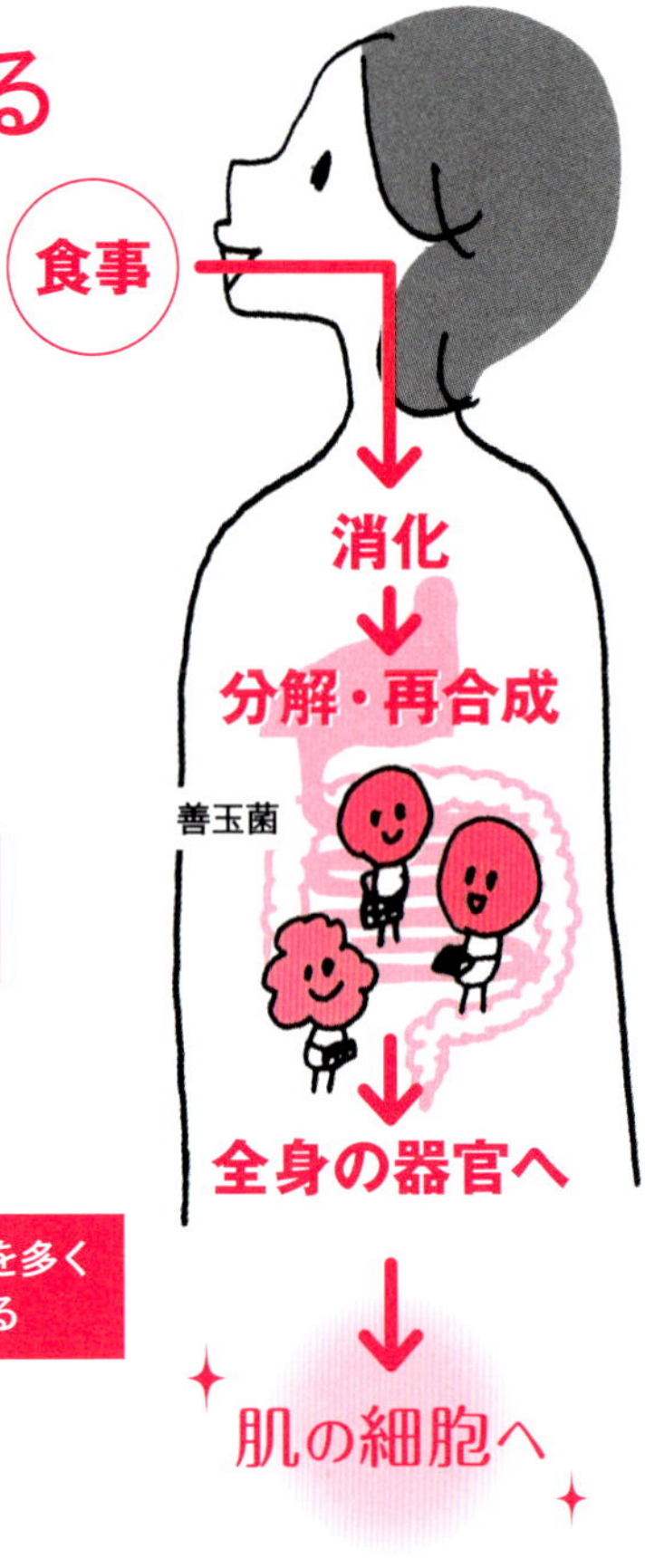

【美肌によい食事の例】

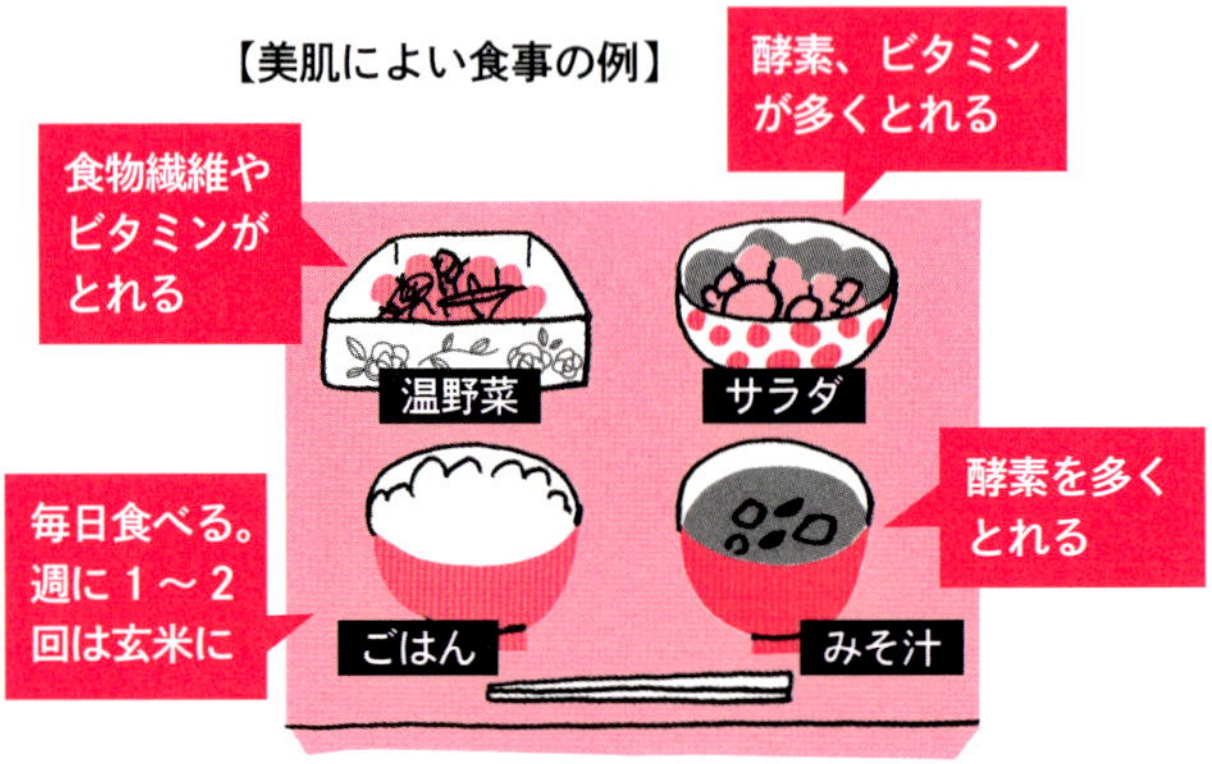

2 栄養ドリンクを飲まない

化粧品だけでなく栄養ドリンクにも、パラベン、安息香酸《あんそくこうさん》などの防腐剤が含まれている場合があります。腸内環境が破壊され、栄養バランスがかえって乱れたり、肌が荒れたりする可能性もあります。栄養ドリンクに頼らずにすむ生活を心がけましょう。

3 自然の食品でビタミンをとる

ビタミンCなどのサプリメントを毎日とることは、数年前までは、体に良いこととして推奨されていました。しかし最近では、合成ビタミン剤のとりすぎによる健康被害も指摘されはじめています。人間の健康は、微妙なバランスで保たれています。サプリメントに頼らず、必要な栄養素は食品からとりましょう。

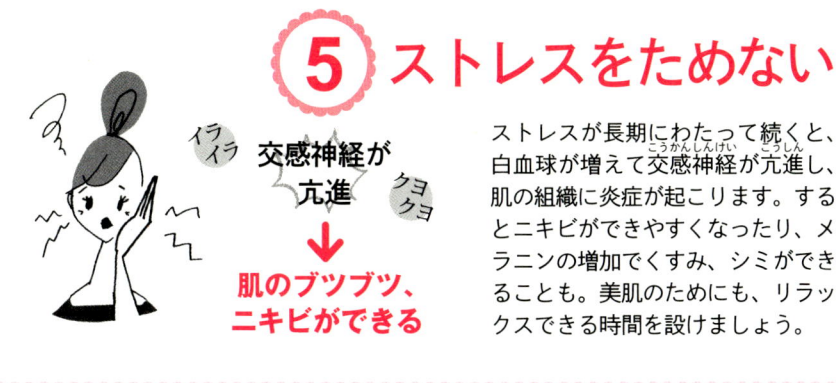

4 12時までに寝る

夜更かしが肌によくないというのは、医学的な事実。遅い時間に寝ると、肌細胞の生まれ変わりを助ける成長ホルモンが不足してしまいます。遅くとも12時までには就寝してください。

5 ストレスをためない

ストレスが長期にわたって続くと、白血球が増えて交感神経《こうかんしんけい》が亢進《こうしん》し、肌の組織に炎症が起こります。するとニキビができやすくなったり、メラニンの増加でくすみ、シミができることも。美肌のためにも、リラックスできる時間を設けましょう。

Column

口に入れられないものを塗ってはいけない

美しくなるために塗りたがる女性たち

何もつけないスキンケアを提唱し、10年以上たちました。これまでの美容常識とは真逆の方法なので、質問をいただくこともしばしばです。

とくに多いのが、「〇〇〇は塗ってもいいですか?」というもの。「何もつけないで」といっても、女性はつい何かつけたくなるようです。

化粧品に使われている成分は、全部で1万1000種以上あります。一つひとつの成分に「これはよい」「これはダメ」とすべてお答えすることは、とてもできません。

しかしひとつだけ、有害性を確実に判断できる基準があります。口に入れてもよいと思えるかどうかです。

肌に塗っていいのは口にできるものだけ

「化粧品なんて、口に入れられるわけないじゃない」と思うなかれ。化学物質を肌にすりこむことは、口からとりこむ以上に危険な行為です。

口から入ったものは胃腸で消化吸収され、直接、肝臓で代謝されます。有害物質の多くは肝臓で解毒され、全身に移行することはほとんどありません。

一方、皮膚の毛穴や汗孔《かんこう》から吸収された化学物質は、そのまま体内をめぐります。鎮痛薬のテープ剤などと同じ原理です。食事以上に、安全性を吟味しなくてはいけません。

「なめたり、飲んだりするなんて無理」と思うものを肌につけるのは、とても危険です。

Part 4

シミ、シワにはどう対処する!?
肌トラブル解消法

「シミ、シワができたらどうしよう」という
不安は、女性なら誰もが抱えています。
気になる肌トラブル、肌質にあった、
正しい対処法を知っておきましょう。

乾燥肌・敏感肌

肌バリアが回復し、乾きにくい肌になる

宇津木流スキンケアの効果　予防効果★★★　改善度★★★

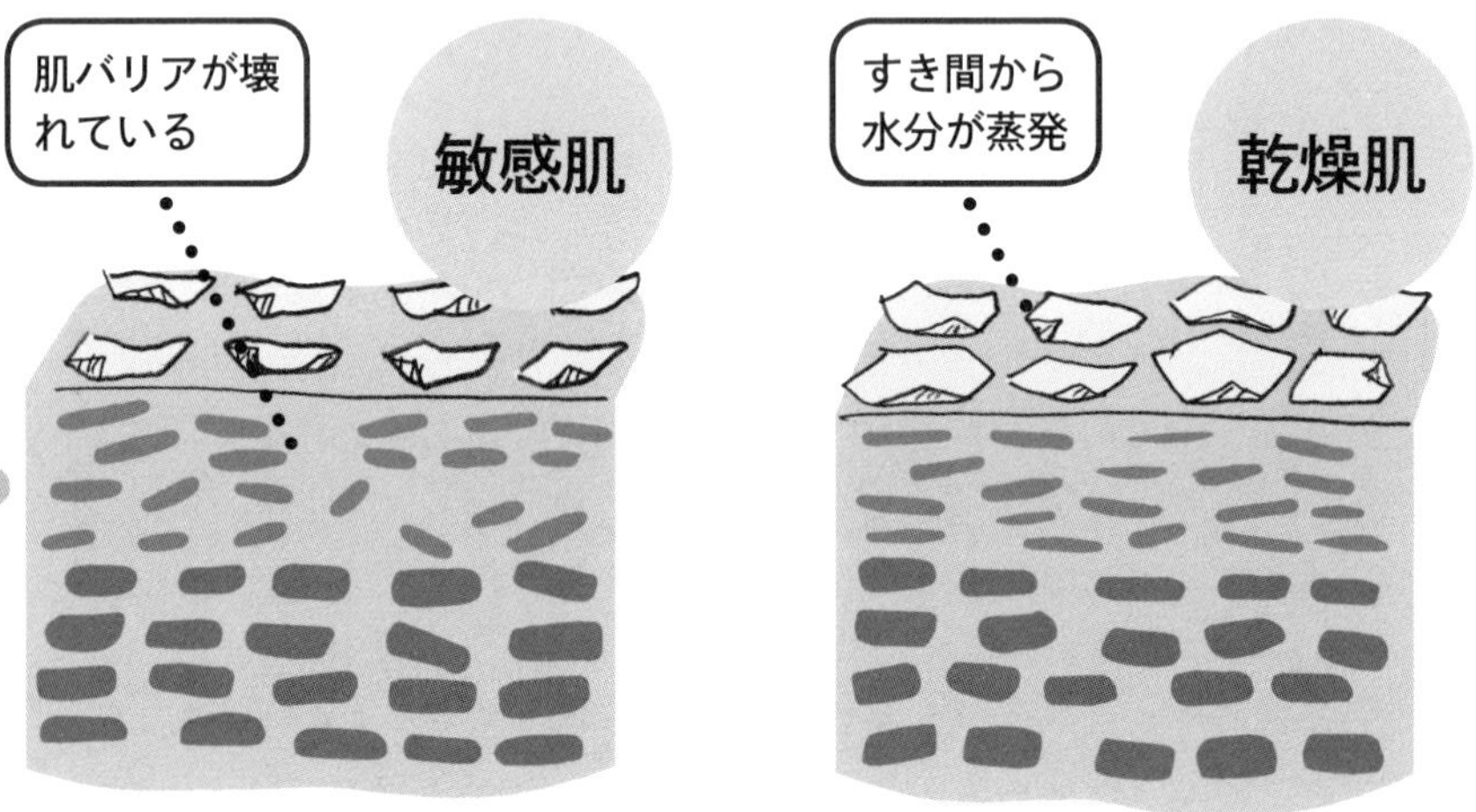

化学物質が肌内部に入りこみやすい。

角質細胞のすき間を埋める脂質が少なくなっている。

化粧品でバリアが壊れ刺激に弱い肌になる

「私は敏感肌だから、宇津木流スキンケアは無理」という人がいます。

正解は逆で、敏感肌の人ほど、化粧品の刺激をとりのぞくべきです。

何をつけてもヒリヒリするような敏感な肌に、界《かい》面《めん》活《かっ》性《せい》剤《ざい》（→P19）や防腐剤（→P77）を塗ってよいはずがありません。

実際、敏感肌の多くは化粧品による刺激が原因です。化粧品をやめて肌バリアが正常化すると、カサつきもヒリヒリ感もなくなります。

年齢を重ねてもうるおいはなくならない

「歳をとると水分、油分がなくなる

宇津木流スキンケア

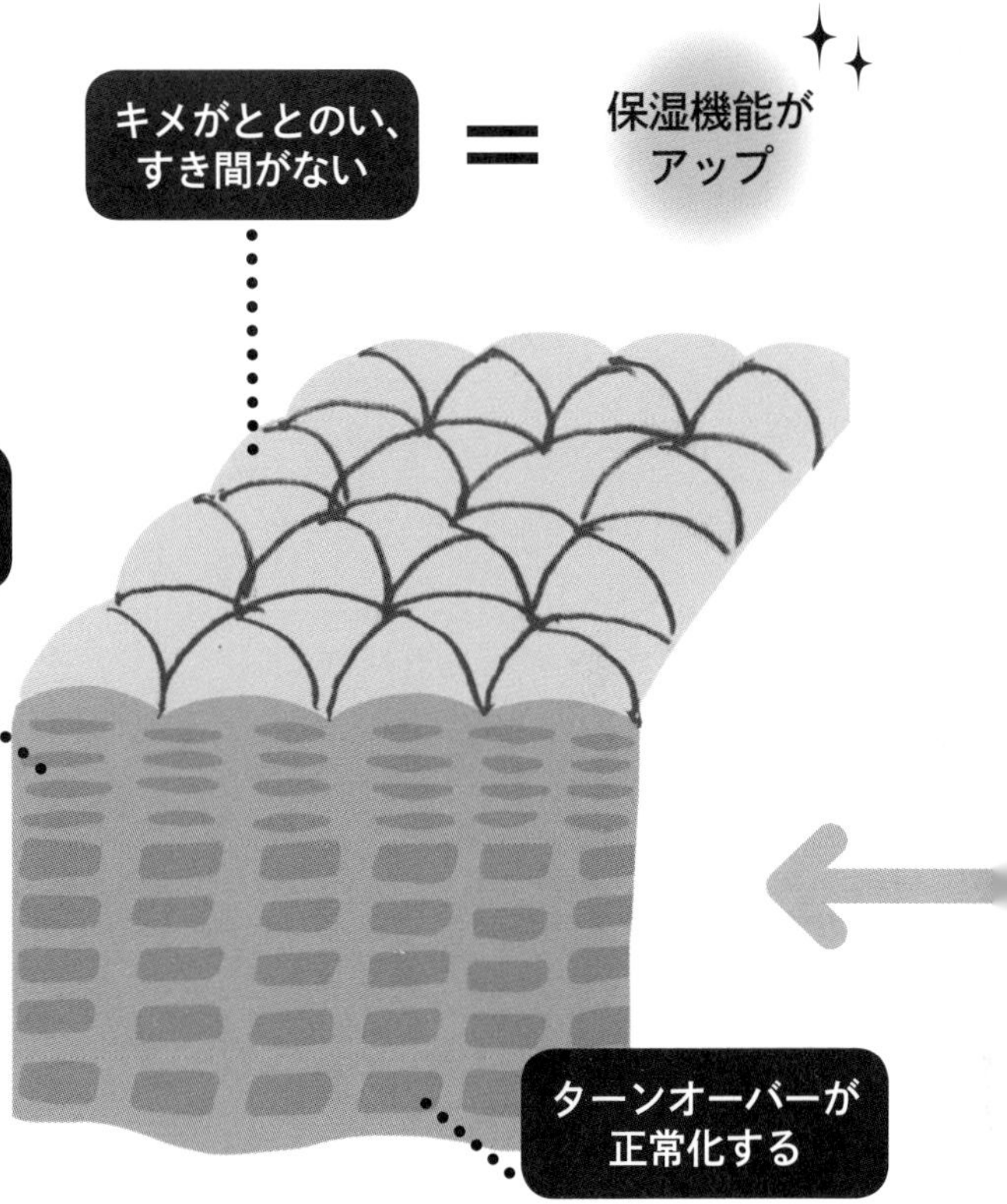
キメがととのい、
すき間がない
=
保湿機能が
アップ
しっかりとした
肌バリアが復活
ターンオーバーが
正常化する

乾燥肌も敏感肌も、肌バリアが壊れているのが原因。宇津木流スキンケアを続けていると、角質細胞によるバリア機能が高まり、乾きにくい肌になる。

から、保湿が必要」というのも誤解です。保湿の主役は角層で、水分、油分ではありません。

私の患者さんには70代以上の女性も多いのですが、化粧品をやめることで、肌は確実に若返っています。

肌の保湿力に、年齢はあまり関係ありません。老化を防ぎたいなら、化粧品を一刻も早く断つことです。

Column

化学物質をやめたらアレルギー症状が治った

アレルギー体質の人にはとくに、何もつけないケアをおすすめします。私自身もひどいアレルギー体質で、合成洗剤で洗った手術着にもかぶれるほどでした。

しかしシャンプーや合成洗剤などの化学物質を断ってからは、かゆみも乾燥も見事になくなりました。皮膚への刺激を断つことが、もっとも効果的な対処法なのです。

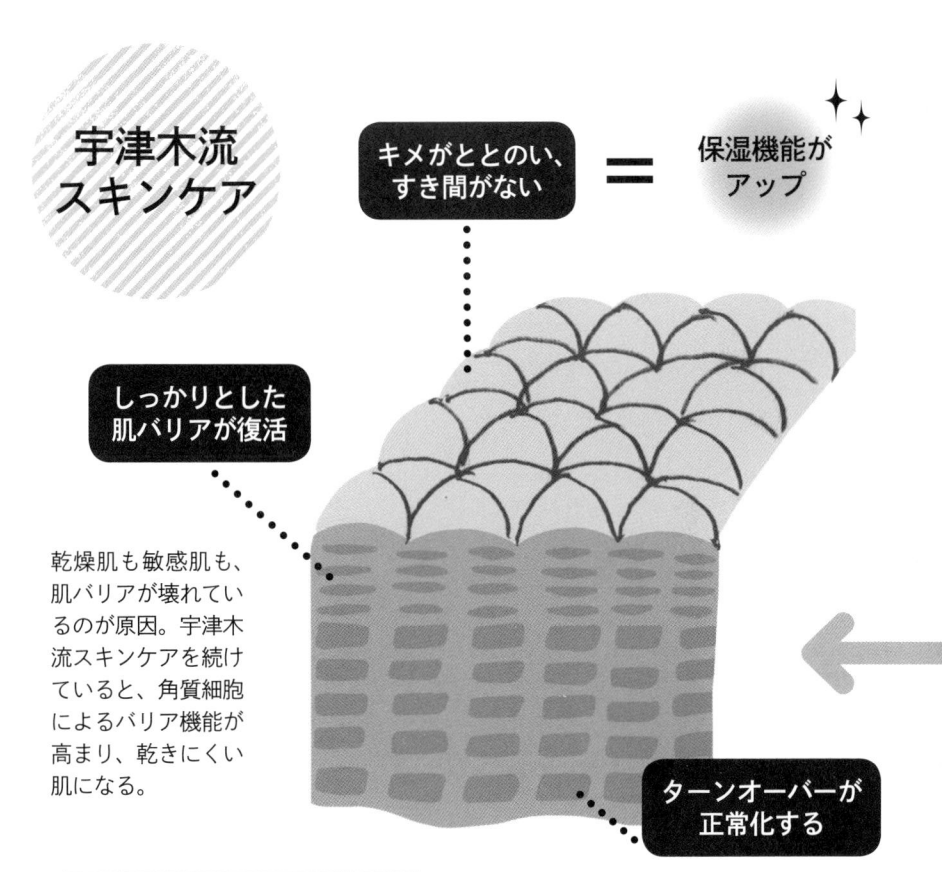

脂性肌・混合肌

皮脂腺が小さくなりテカらなくなる

宇津木流スキンケアの効果　予防効果★★★　改善度★★★

皮脂を落とすほど皮脂量が増える

脂性肌の人の多くは、過度な洗顔で肌をいためています。脂が多いのにカサついている、混合肌の人も同じ。「皮脂や汚れを徹底的に落とす」という誤ったケアが原因です。

皮脂をとりすぎると、不足した皮脂を補うために皮脂腺《ひしせん》が肥大し、かえって皮脂の分泌《ぶんぴつ》量が増えます。毛穴のまわりが盛り上がり、みかんの皮のようなボコボコの肌になることも。しかも、皮脂には保湿効果はないので、肌内部は乾燥する一方です。

過剰な皮脂を減らすには、皮脂を落としすぎないケアがもっとも効果的。水洗顔（→P22）にすると皮脂が減り、キメこまかい肌になります。

Case Study

「ていねいな洗顔で皮脂を増やしていたなんて！」

――D子・26歳

私の肌は典型的な混合肌でした。洗顔で皮脂を徹底的に落とし、保湿成分を補うケアを続けていたのですが、まるでよくならず……、むしろ洗顔後の赤みが悪化していました。宇津木流スキンケアをはじめてからは、２週間ほどで赤みがおちつき、３か月たったいまではテカリも乾燥も気になりません。間違ったケアが汚肌《おはだ》の原因だったなんて、本当にショックです。

脂性肌の人に多いスキンケア

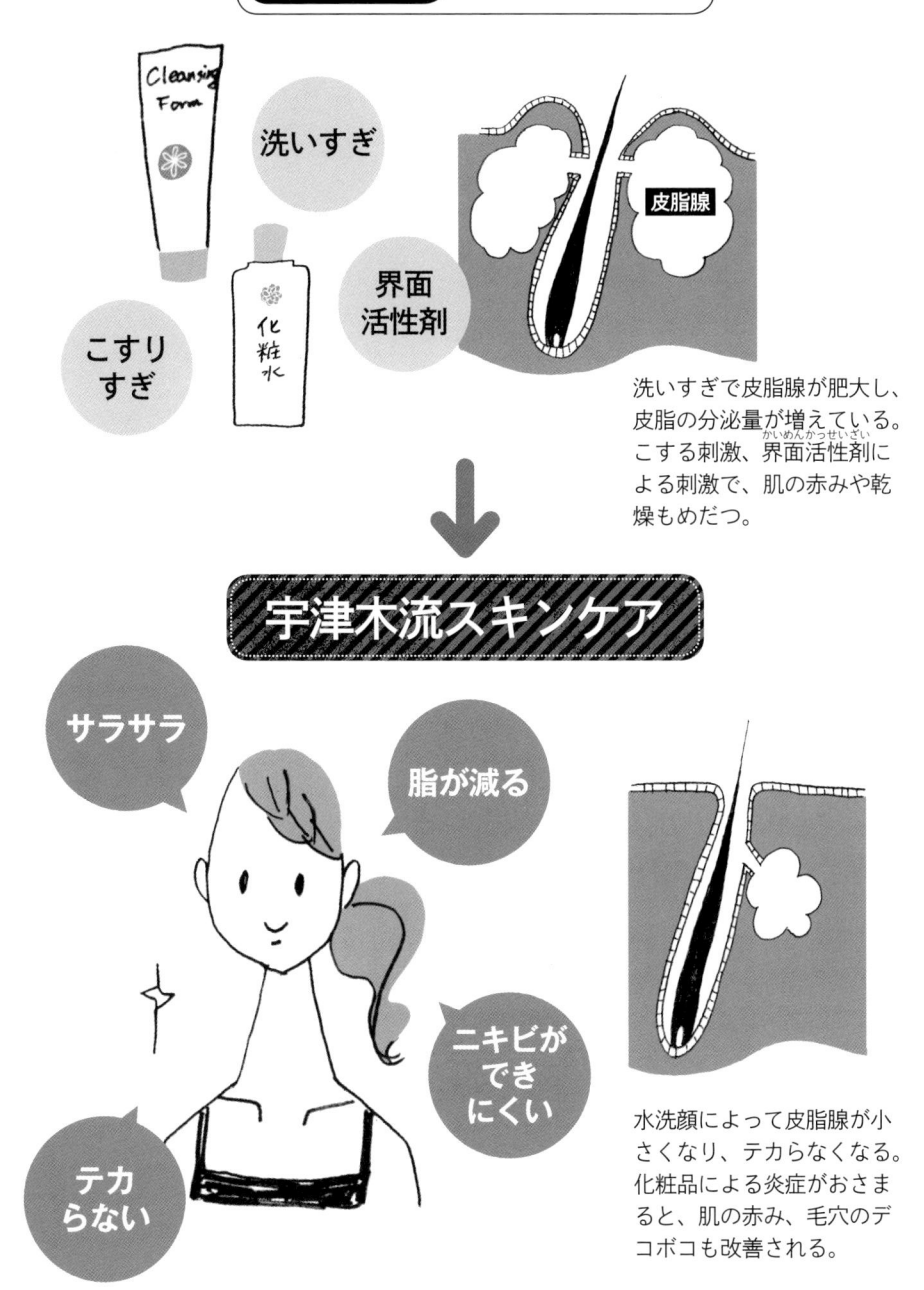

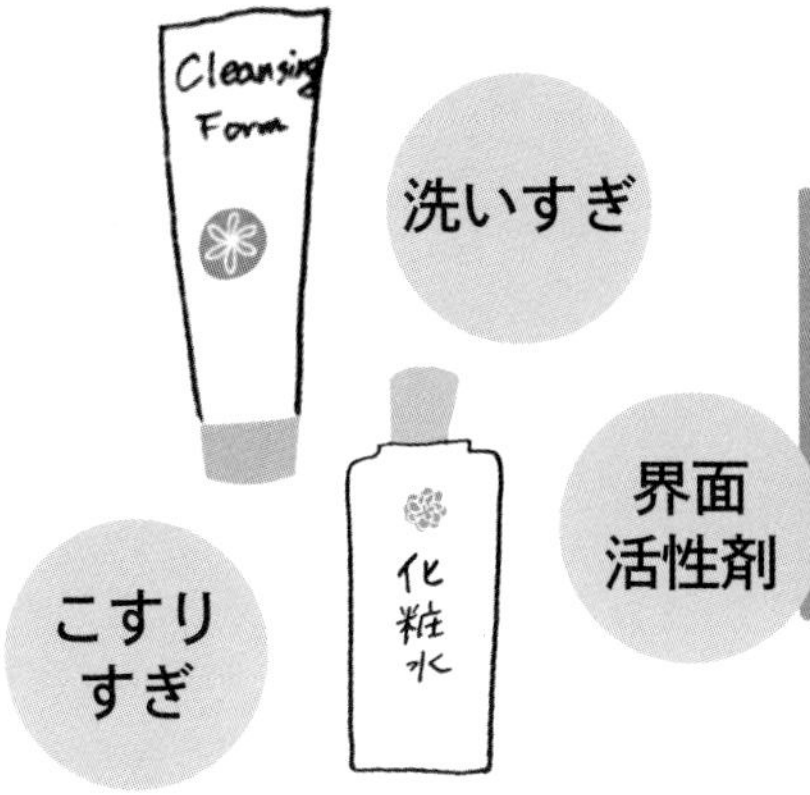

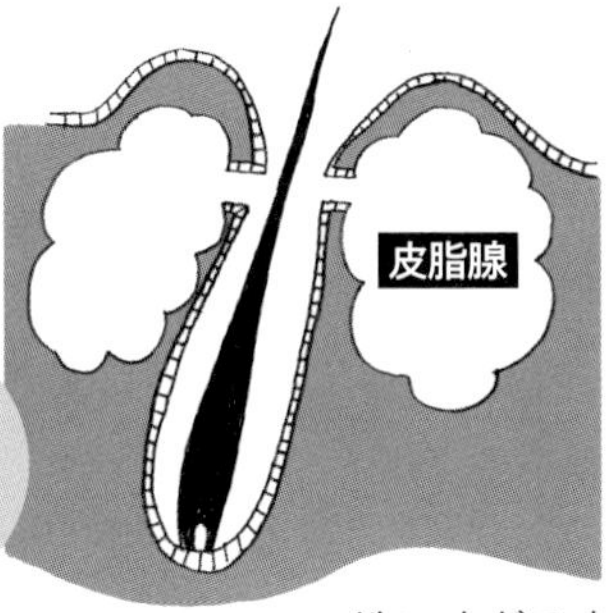

洗いすぎで皮脂腺が肥大し、皮脂の分泌量が増えている。こする刺激、界面活性剤《かいめんかっせいざい》による刺激で、肌の赤みや乾燥もめだつ。

宇津木流スキンケア

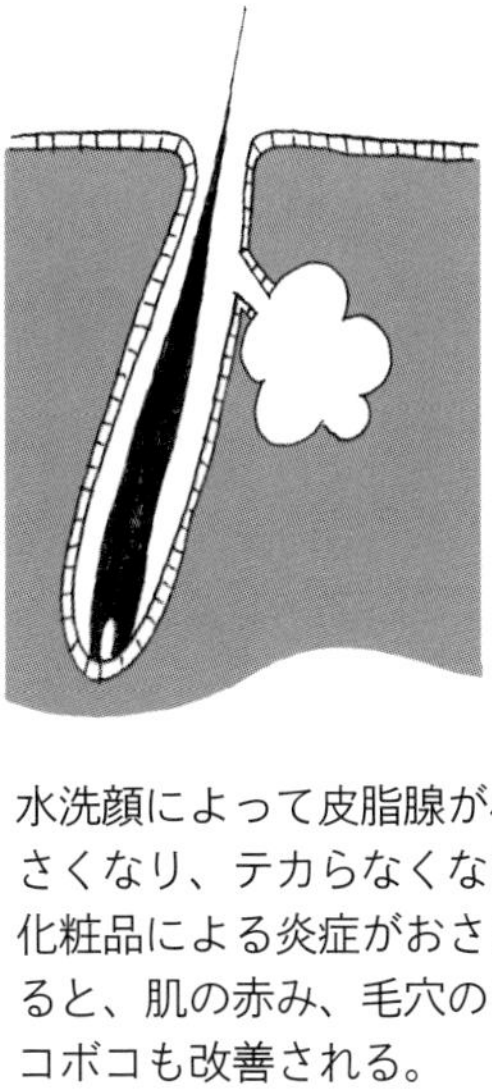

水洗顔によって皮脂腺が小さくなり、テカらなくなる。化粧品による炎症がおさまると、肌の赤み、毛穴のデコボコも改善される。

毛穴

炎症がおさまると毛穴が小さくなる

宇津木流スキンケアの効果　予防効果★★★　改善度★★★

毛穴の開き

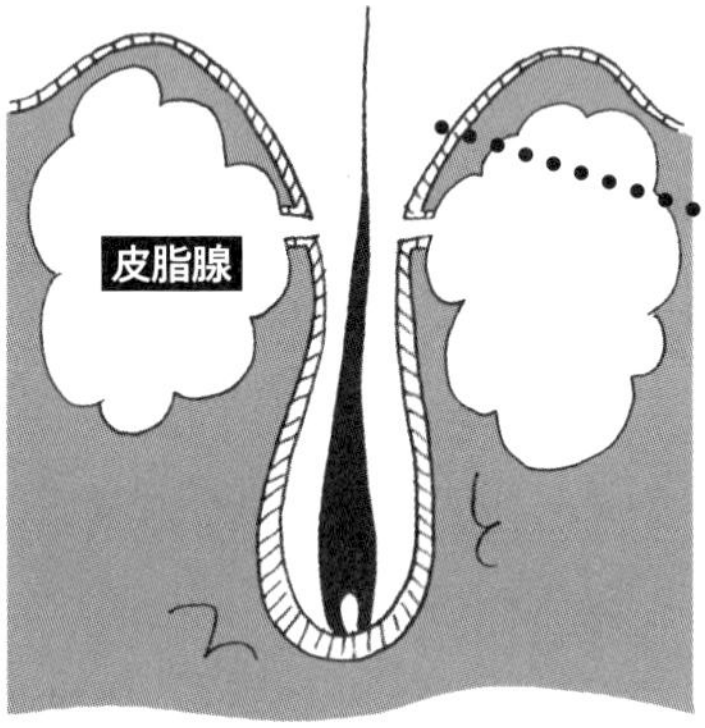
皮脂腺

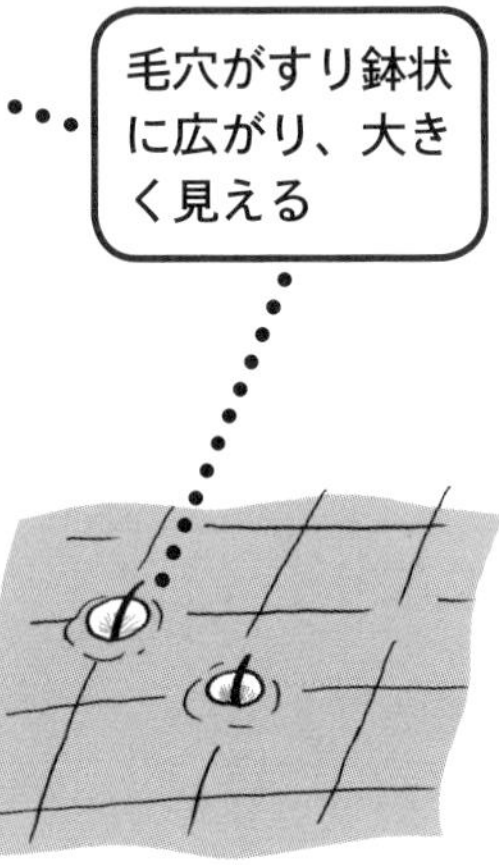
毛穴がすり鉢状に広がり、大きく見える

洗顔のしすぎで皮脂腺が大きくなり、毛穴が開いていることが多い。化粧品による炎症で、赤みもめだつ。化粧品をやめて水洗顔に替えるとよくなる。

毛穴ケア化粧品を使ってはいけない

毛穴がめだつ理由は、おもに3つ。ひとつめは、界面活性剤《かいめんかっせいざい》などによる炎症と、炎症後の色素沈着です。毛穴が黒ずみ、洗顔後の肌が赤みをおびているなら、このタイプです。

ふたつめの理由は、洗顔による皮脂のとりすぎ。皮脂腺《ひしせん》が肥大し、毛穴が開いてきてしまうのです。

3つめは、こすりすぎによる角質の増加です。過剰な洗顔やパックで角質が増え、毛穴の中にたまると、角栓が大きく見えます（→P66）。

いずれの場合も、過剰なケアをやめれば毛穴は小さくなります。パウダーファンデもやめ、夜も水洗顔にすると、より早く効果が得られます。

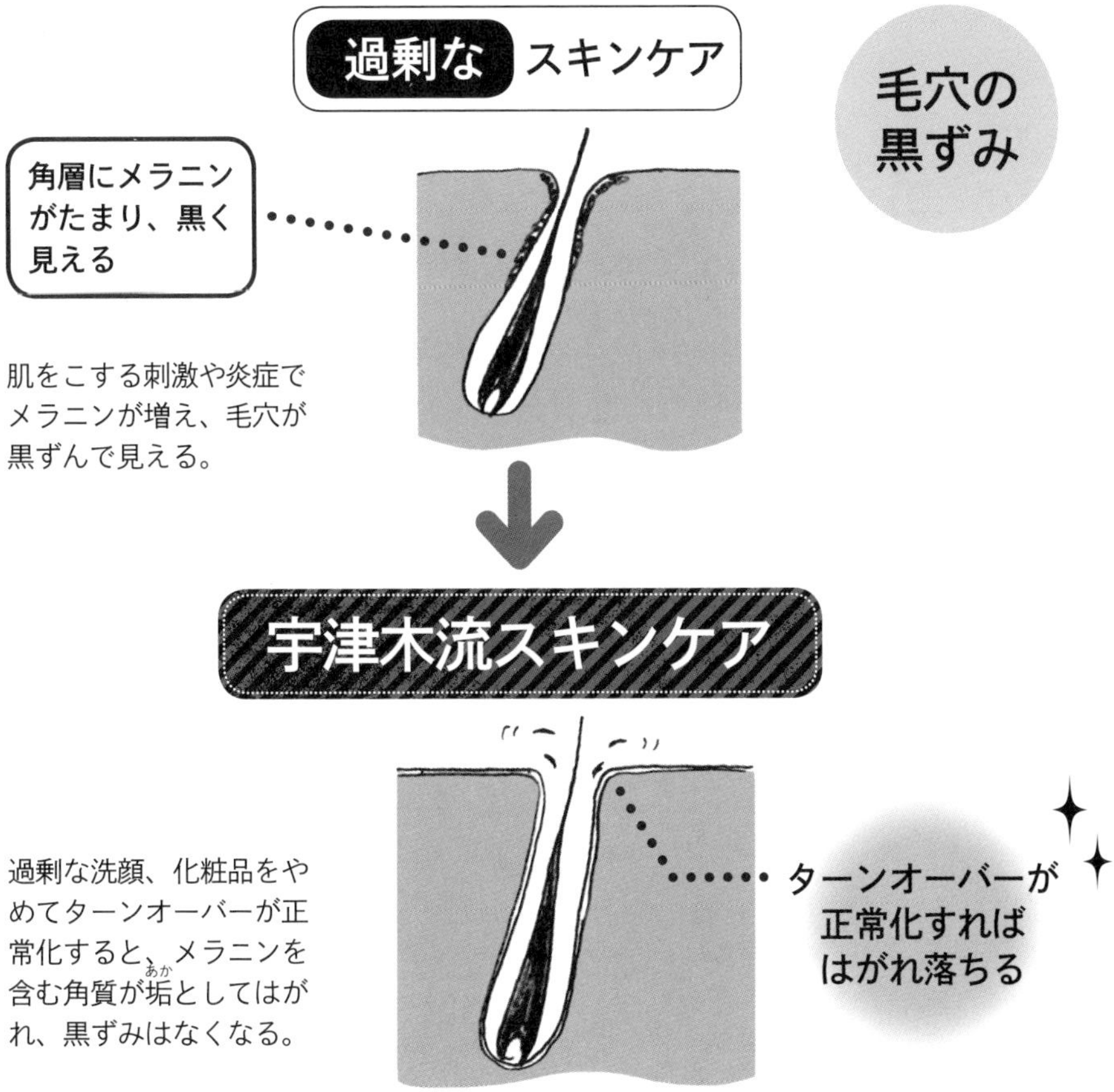

肌をこする刺激や炎症でメラニンが増え、毛穴が黒ずんで見える。

過剰な洗顔、化粧品をやめてターンオーバーが正常化すると、メラニンを含む角質が垢《あか》としてはがれ、黒ずみはなくなる。

たるみ毛穴にはレーザーが効く

加齢とともに、ほおの毛穴が線状、涙型に広がることもあります。原因は肌の縮み。こめかみの皮膚をかるくひっぱってみて、毛穴がめだたなくなるならこのタイプです。

まずは宇津木流スキンケアで、キメをとり戻すのが先決です。肌がふっくらと厚くなれば、かなりめだたなくなります。さらに完璧な美しさを求めるなら、たるみをとる治療が必要です（→P120～）。

最近では毛穴用化粧品も人気ですが、毛穴を一時的にごまかすことしかできません。かえって毛穴が大きくなり、炎症やたるみが悪化することもあります。

赤み・色ムラ

化粧品を抜くだけでムラのない肌になる

宇津木流スキンケアの効果　予防効果★★★　改善度★★★

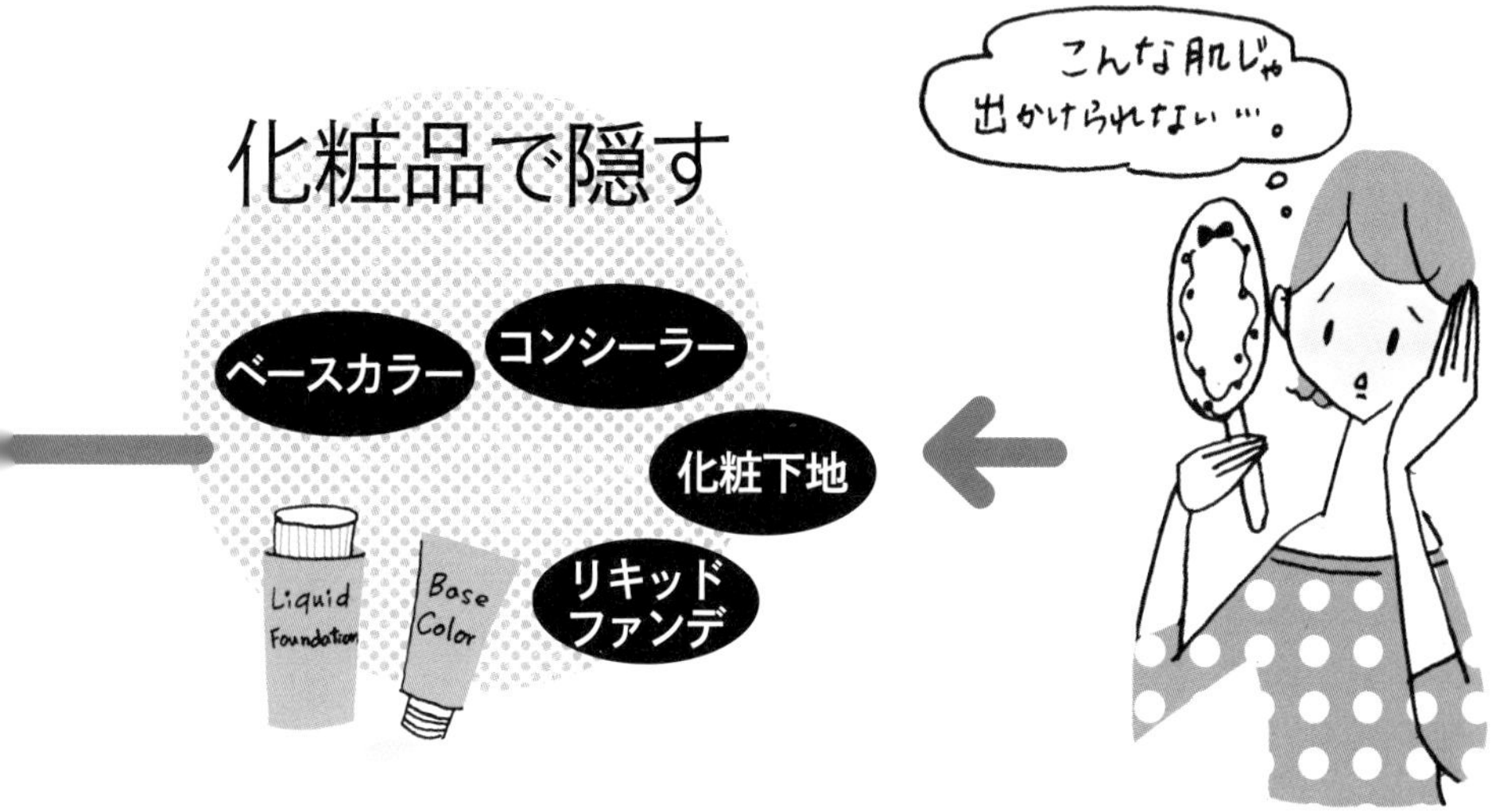

1か月後には赤みが改善する

美容に熱心な人に、とくに多い肌タイプです。

メイクをしているときは美しい肌色なのに、メイクを落とした顔は、赤くガサガサ。化粧品による刺激、W洗顔による刺激で炎症を起こしているのです。

皮膚が薄くなっているので、血管や筋肉の色が透けて、赤やグレーの色ムラ状態になることもあります。

エステやパック、マッサージなどのケアも、赤みや色ムラの原因です。

宇津木流スキンケアをはじめると、炎症による赤みは早期におちつきます。3～4か月ほどたって皮膚が厚くなると、色ムラもなくなります。

Case Study

「すっぴんにしたら、色ムラが消えた！」

――E子・32歳

宇津木流スキンケアを知ったときは、「化粧品をやめるなんて、ありえない！」と思いました。でも何をつけても肌がキレイにならないし、ダメもとではじめてみたら……、2週間くらいで赤みがなくなってきました。いままではメイクを落とすとひどい赤ら顔で、とても人に見せられなかったのに。いまはすっぴんも平気だし、洗顔後のつっぱり感もありません。

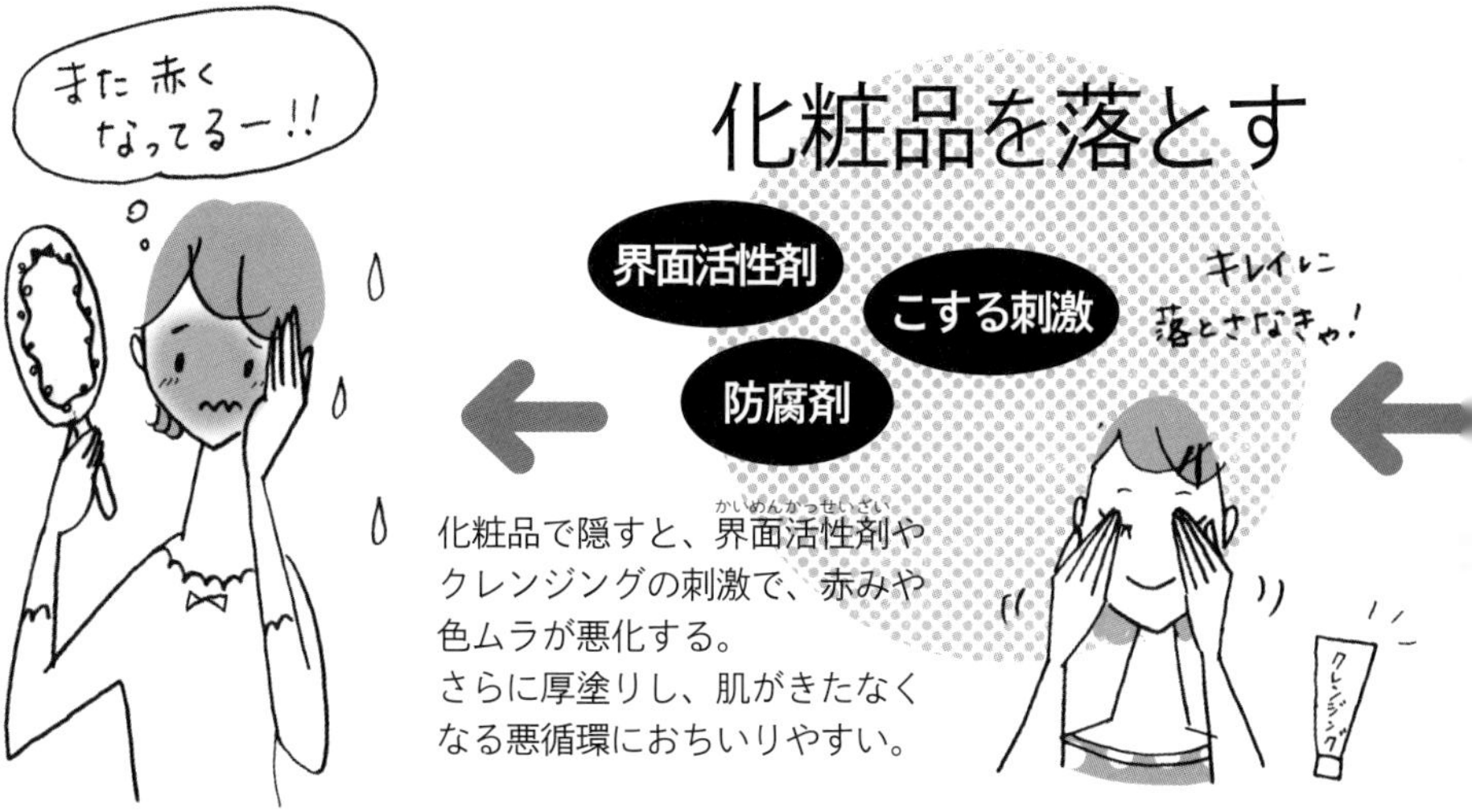

化粧品で隠すと、界面活性剤《かいめんかっせいざい》やクレンジングの刺激で、赤みや色ムラが悪化する。
さらに厚塗りし、肌がきたなくなる悪循環におちいりやすい。

ファンデーションは一気にやめる

赤みや色ムラがあると、すっぴんには抵抗があるかもしれません。

しかしファンデーション類を一気にやめたほうが、効果は早く出ます。内勤の人、自宅にいる時間が長い人は、毎日素肌で過ごしましょう。

仕事の都合でどうしても無理という人は、パウダーを薄くつけます。量を少しずつ減らし、最後はゼロに。肌のトーンが、さらにワンランク明るくなります。

赤みがなかなか消えない場合は、シャンプー剤などの刺激を疑います。水洗髪に変えると、シャンプー剤が顔に付着せず、炎症による赤みが完全になくなります（→Part5）。

ニキビ

水洗顔で皮脂を減らすと治る

宇津木流スキンケアの効果　予防効果★★★　改善度★★★

原因はアクネ菌じゃない。腐った脂のせい

誤解されていることが多いのですが、ニキビの直接の原因はアクネ菌ではありません。過剰な皮脂が毛穴の中でつまって起こります。

すぐに薬に頼らず、まず水だけの洗顔に替え、化粧品をやめることが大切です。毛穴のまわりを傷つけるようなパック類は厳禁です。

最初は洗顔後のベタつきが気になりますが、1か月ほどたつと慣れてきます。3か月もたてば、ニキビの数はかなり減り、2～3年後には、ニキビのできない肌質に変わります。

積極的な治療法としてはケミカルピーリングが有効です。毛が濃い人の場合はレーザー治療も適しています。

Case Study

「皮膚科やエステでも治らなかった頑固なニキビが消えました」

――F子・25歳

高校生のころからニキビ肌で、殺菌力の高いニキビ用化粧品を使っていました。皮膚科やエステにもくり返し通いましたが、効果はゼロ。体質とあきらめかけていました。でも宇津木流スキンケアをはじめて1年後には、ニキビがほとんどできなくなったんです！

テカリや赤みもなくなり、ついに憧れのノーファンデーションに。夕方になっても顔がテカらず、とっても快適です。

ニキビを悪化させる

間違いだらけのニキビケア

誤ったケアで悪化させると、あとが残りやすいので注意。誤ったケアをやめてもニキビが治らなければ、皮膚科を受診する。

1 アルコール入り化粧水

Clean

殺菌系の化粧品を毎日つけていると、肌によい常在菌《じょうざいきん》（→ P88）が死滅し、マラセチア菌などの悪い菌が繁殖しやすい。ふきとりタイプの化粧水は、こする刺激でニキビを悪化させる。

2 抗生物質

アクネ菌を殺す効果はあるが、ニキビを直接治す効果は高くない。常在菌のバランスが乱れ、より不健康な肌になる。長く使い続けると、抗生物質が効かない「耐性菌《たいせいきん》」が出現することも。

↓

肌を守っている菌が死んでしまう

3 ニキビ用石けん

脂がグングンとれる!!

脱脂力が高い石けんを使うと、皮脂量が増え、かえってニキビができやすくなる。防腐剤（→ P77）や界面活性剤《かいめんかっせいざい》も毛穴の入口を刺激し、ニキビを悪化させる。

4 コメドプレッシャー

正しく使えば効果的だが、自己判断で使うと毛穴まわりを傷つけることも。一度は皮膚科を受診し、使いかたの指導を受けたうえで使用する。

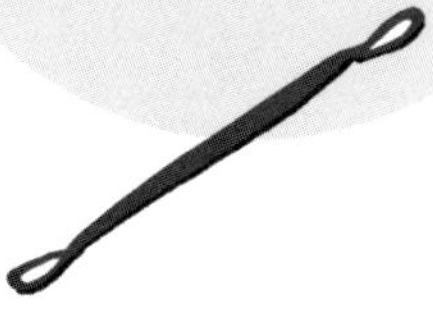

ニキビあと

肌の厚みでデコボコがめだたなくなる

宇津木流スキンケアの効果　予防効果★★★　改善度★☆☆

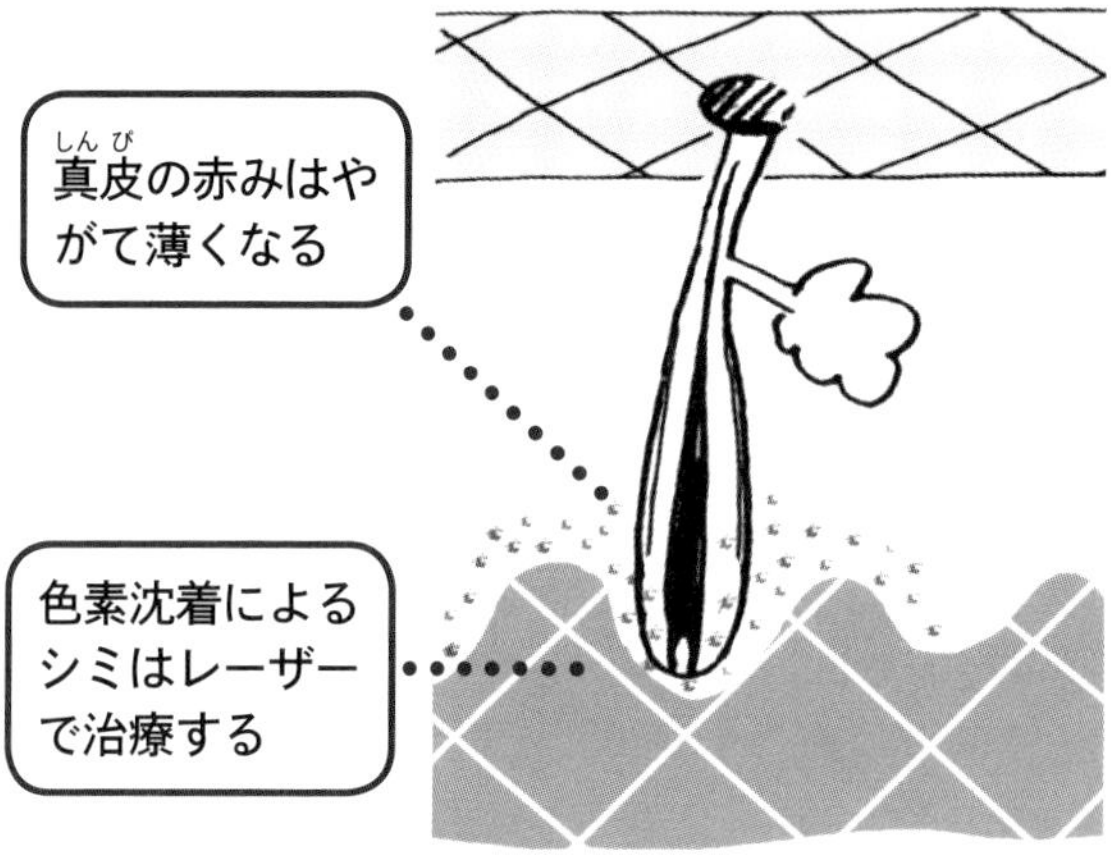
真皮《しんぴ》の赤みはやがて薄くなる
色素沈着によるシミはレーザーで治療する

色素沈着タイプ

角層の色素沈着は、ターンオーバーが正常化すると薄くなる。シミとして残ってしまった場合は、レーザー治療が必要。

赤みや軽いへこみは肌断食でよくなる

ニキビは、初期の白ニキビ、黒ニキビから、赤ニキビ、赤く大きなニキビ（膿疱性《のうほうせい》座瘡《ざほう》）へと進行します。赤ニキビ以上に進むと皮膚組織がとけて、あとが残りやすくなります。

赤い色素のようなあとは、化粧品断ちでターンオーバーが正常化すれば薄くなります。ただしシミになっていたら、レーザー治療が必要です。

デコボコのあとがある場合は、やけどの瘢痕《はんこん》と同じです。宇津木流スキンケアでめだたなくはなりますが、程度によってはあとが残ります。

大きなニキビができたら医療機関で内容物を排出してもらい、早めに治すことが大切です。

デコボコタイプ

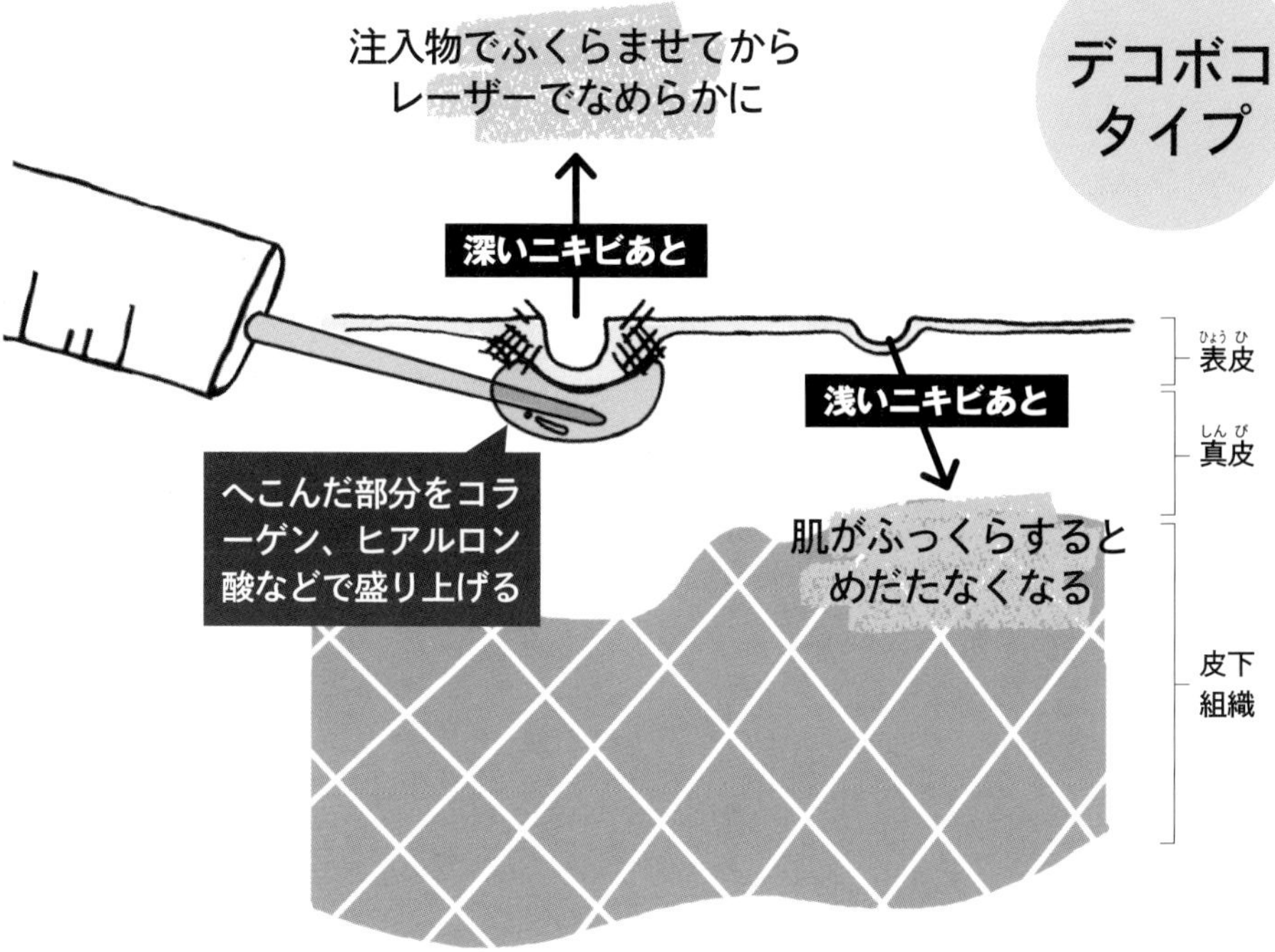
注入物でふくらませてから
レーザーでなめらかに
深いニキビあと
浅いニキビあと
へこんだ部分をコラーゲン、ヒアルロン酸などで盛り上げる
肌がふっくらすると
めだたなくなる
表皮《ひょうひ》
真皮《しんぴ》
皮下
組織

浅いへこみなら、肌が厚くふっくらしてくるとめだたなくなる。深いへこみの場合は、コラーゲン、ヒアルロン酸などを注入し、へこみの角をレーザーで削ってめだたなくする。

Case Study

「ピーリング洗顔で、ニキビあとを悪化させていました」

――G子・35歳

高校生のころからニキビ肌。20代後半になると新しいニキビは減りましたが、あとがずっと残ったまま。あとを薄くするため、AHA入りスクラブ洗顔を続けていたのですが……、宇津木先生に診てもらうと、「毛穴のまわりが色素だらけですね」といわれました。

ピーリング剤とスクラブで悪化させていたようです。自己判断でケアするんじゃなかった、と後悔しています。

こすらないケアで悪化を防ぐ

宇津木流スキンケアの効果　予防効果★★☆　改善度★☆☆

皮膚の厚みを保ち　たるみを予防

30歳を過ぎると、皮膚が薄くなり、コラーゲンが確実に減りはじめます。しかし、化粧品をやめて健康な皮膚を保っていれば、真皮の厚さもコラーゲン量も維持できます。

表情に気をつけることも大切です。たるみ、シワの大きな原因は、表情筋です。筋肉がのびたり縮んだりすることで、ほおと口角が下がってしまうのです。いつもにこやかにほほえんでいれば、表情筋によるたるみ、シワを防げます。

コラーゲン、ボトックスなどの注射療法（→Ｐ１２０）を定期的におこなうと、より確実に予防効果が得られます。

表情筋トレーニングは　たるみを悪化させる

すでにできてしまったたるみを、スキンケアで治すのは困難です。アンチエイジング用化粧品にも、たるみを防ぐ効果はありません。

若いころのハリをとり戻し、維持するには、ボトックス、コラーゲン注入などの注射療法、レーザー治療が効果的です。

たるみ、シミ、シワは皮膚の病的な変化なので、予防的治療を早期にはじめることが何より大切です。

また、たるみやシワを予防するといわれる表情筋トレーニングは、症状をかえって悪化させます。とくにオーバーな表情をつくる動きは、ぜったいにやめましょう。

40代になるとたるみは徐々に進行する

20代

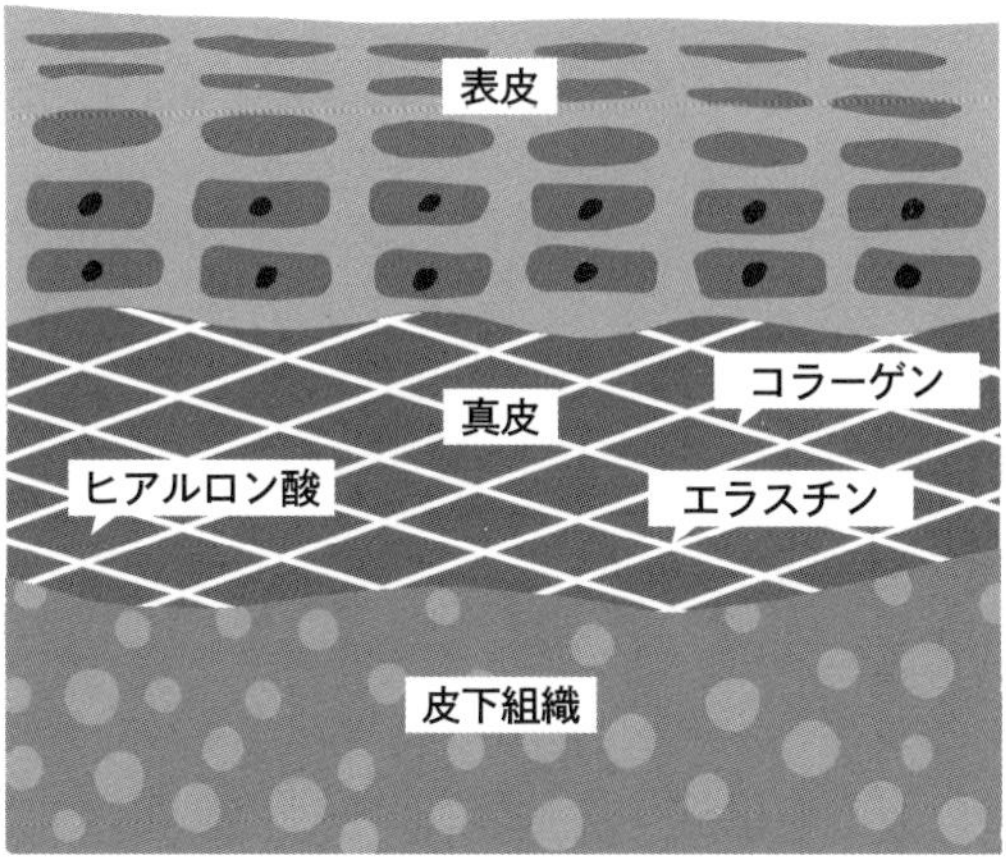

コラーゲン、エラスチンなどの真《しん》皮《ぴ》組織が、表《ひょう》皮《ひ》や皮下組織を支え、肌のハリを保っている。

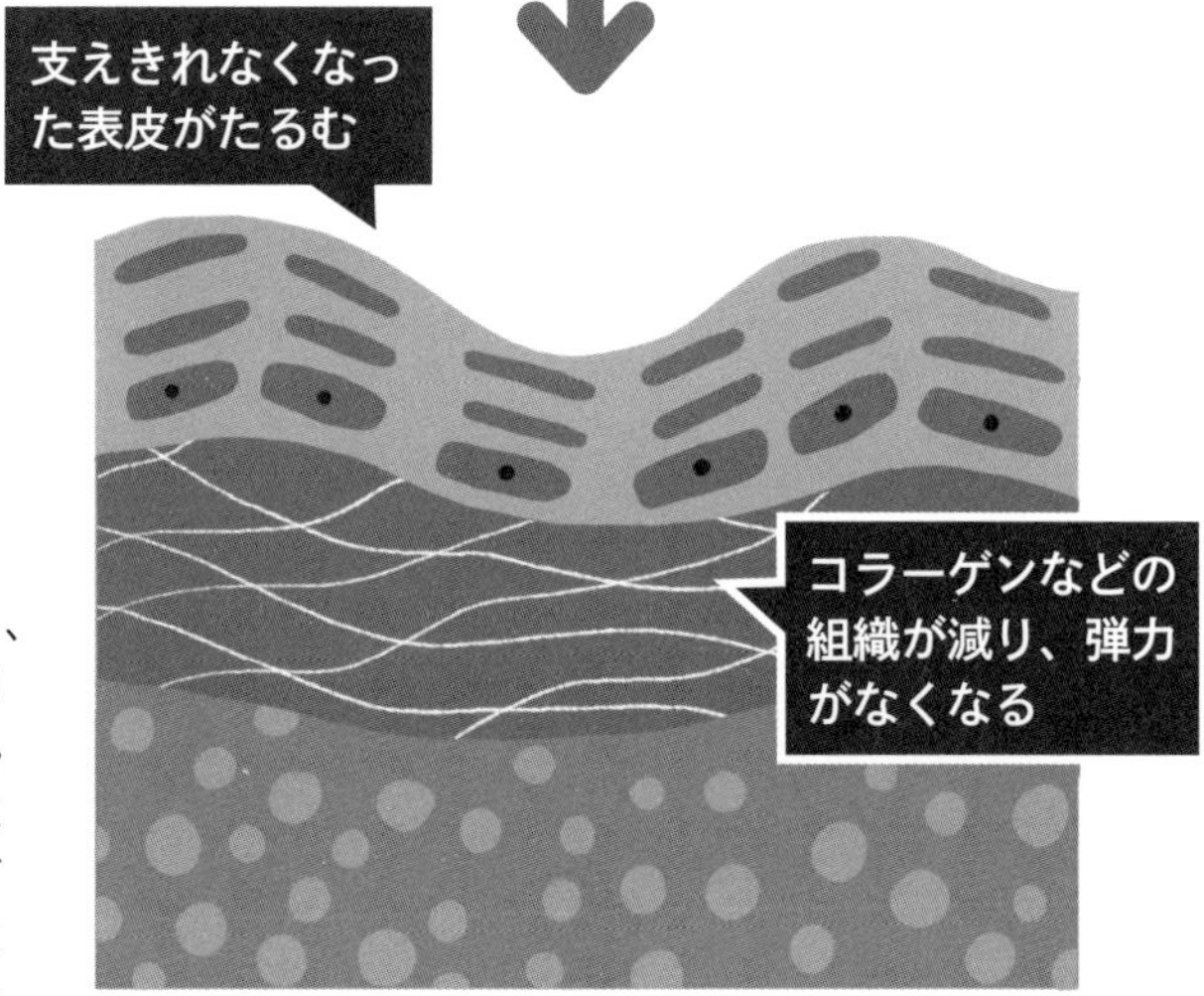

40代～

真皮のコラーゲンが減り、ハリを保てなくなる。コラーゲンを塗ったり飲んだりしても、肌の組織にはならず、たるみを防ぐ効果はない。治療としては、コラーゲン、ボトックスなどの注射療法が有効。

早めの処置で悪化を防ぐ方法もある

シワ・小ジワ

マッサージ＆化粧品をやめて、予防する

宇津木流スキンケアの効果　予防効果★★☆　改善度★☆☆

真皮が薄くなると、シワになる

厚い真皮が、厚い表皮を支えている。真皮は真皮網状《しんぴもうじょう》層《そう》（太いコラーゲン線維）、真皮乳頭層《しんぴにゅうとうそう》（細いコラーゲン線維）で構成されていて、弾力がある。

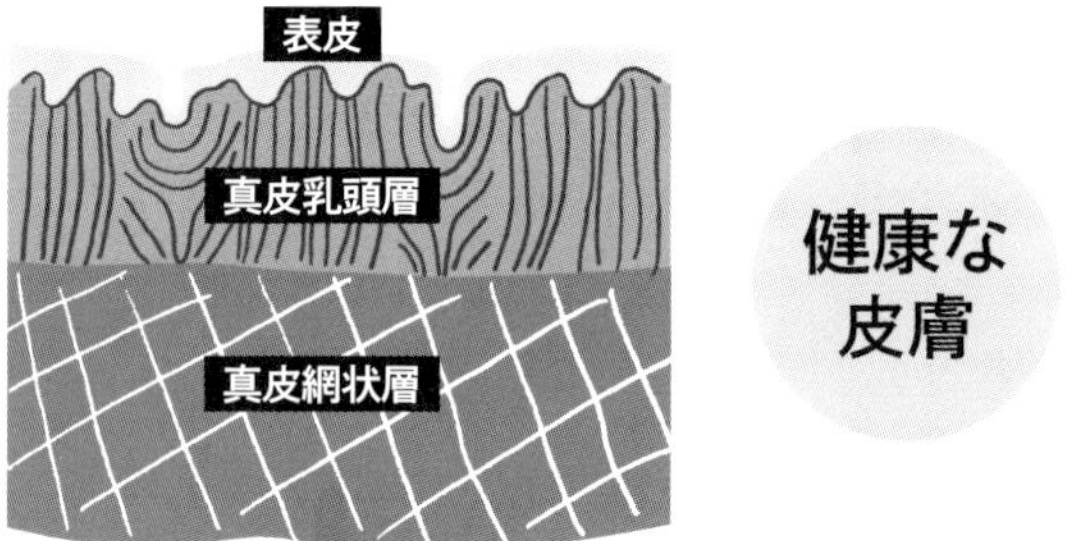

乾燥や炎症により表皮、真皮が薄くなると、コラーゲン線維が細くなり、皮膚がへこんで小ジワになる。

太いコラーゲン線維が変形して、さらに細くなる。コラーゲンの減少で真皮が薄くなり、表情による折れジワができる。

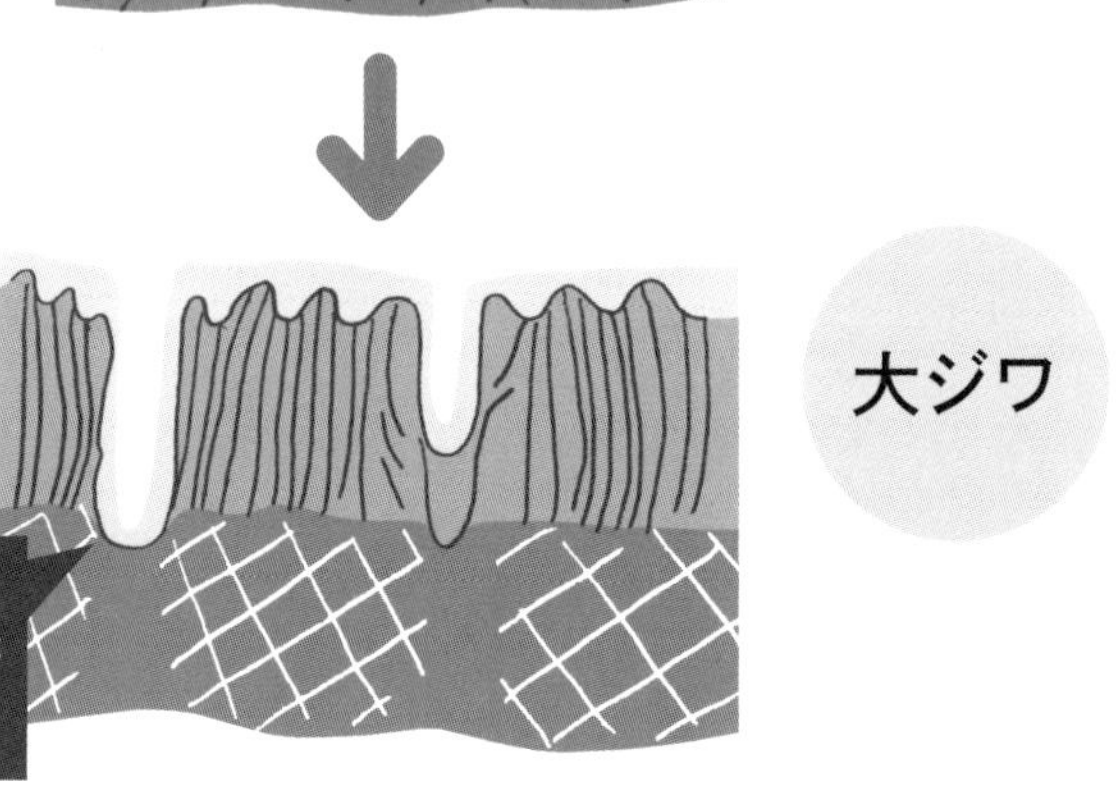
線維束が減ったところに表皮が落ちる

シワがくっきり刻まれる前に注射で予防、治療する

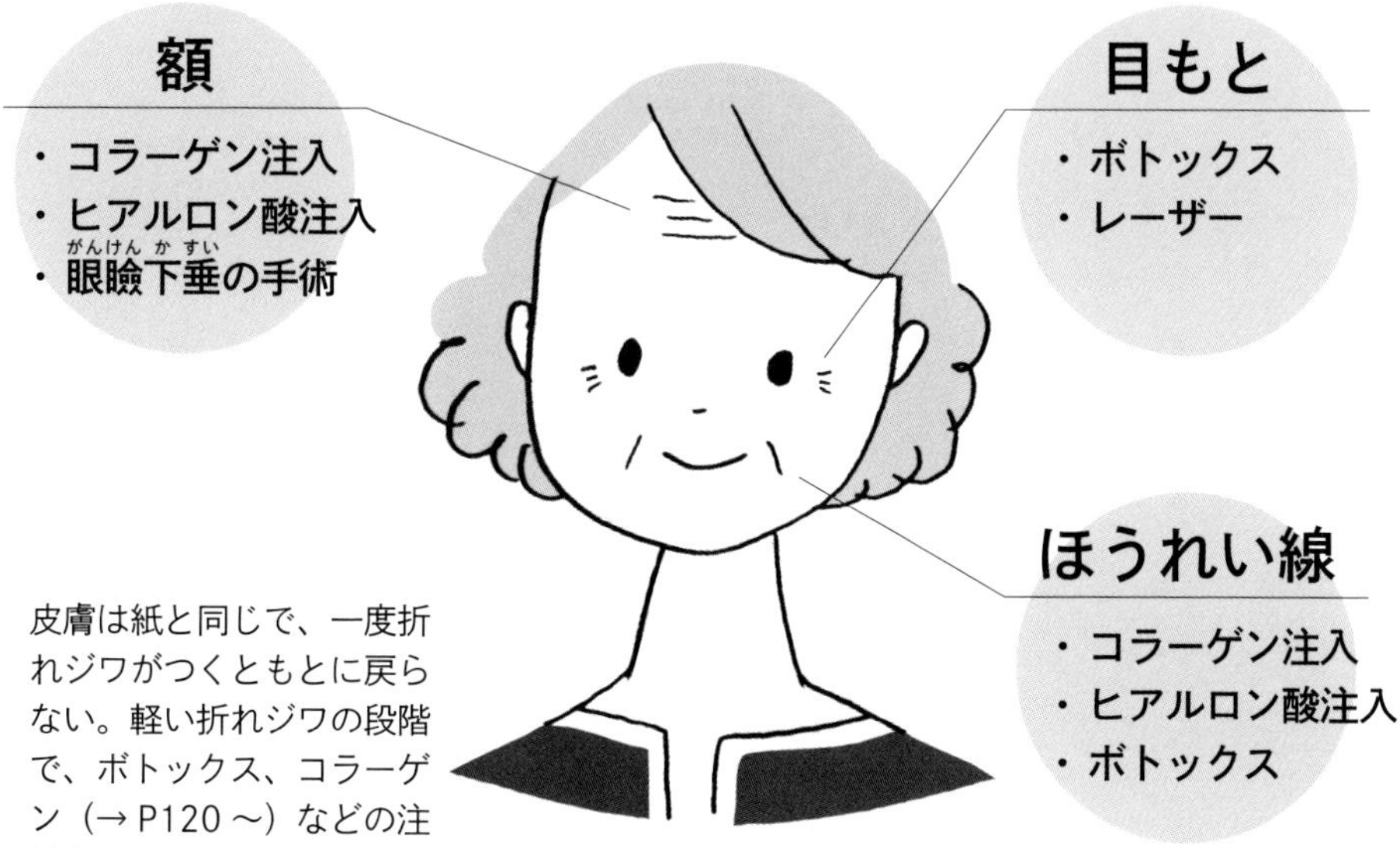

皮膚は紙と同じで、一度折れジワがつくともとに戻らない。軽い折れジワの段階で、ボトックス、コラーゲン（→ P120 ～）などの注射療法を受けると効果的。

肌の厚みをとり戻して老化を遅らせる

私たちが話したり笑ったりするときには必ず、表情筋と皮膚が動いています。歳とともに皮膚の弾力がなくなると、よく動く部分の皮膚が折れ曲がり、シワになります。シワは老化による自然現象なのです。

宇津木流スキンケアを続けていると、表皮《ひょうひ》と真皮《しんぴ》の厚みが保たれて、シワができにくくなります。小ジワレベルなら、ターンオーバーの正常化によって、かなり改善できます。

しかしくっきりと刻まれた大ジワを、スキンケアで治すのはむずかしいでしょう。予防、治療を考えるなら、ボトックスやコラーゲンなどの注射療法が非常に効果的です。

くすみ・クマ

肌がふっくらするとくすまなくなる

宇津木流スキンケアの効果　予防効果★★★　改善度★★★

間違ったケアがくすみ、クマをつくる

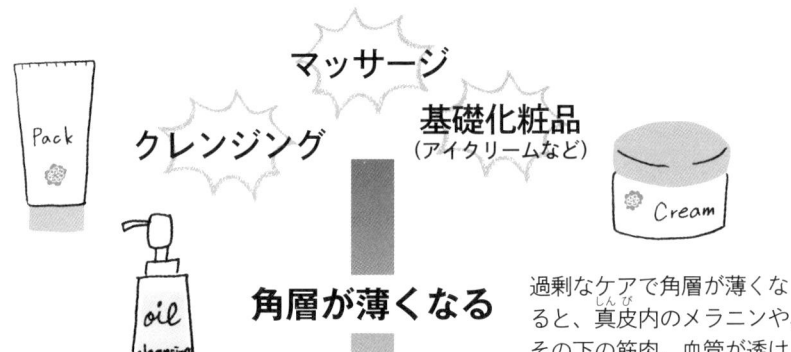

マッサージ

クレンジング

基礎化粧品
（アイクリームなど）

角層が薄くなる

過剰なケアで角層が薄くなると、真皮《しんぴ》内のメラニンや、その下の筋肉、血管が透けて見える。そのため肌がくすんだり、紫やグレー、黒っぽいクマがめだつ。

化粧品をやめて皮膚を厚くすることが最善の解決法。

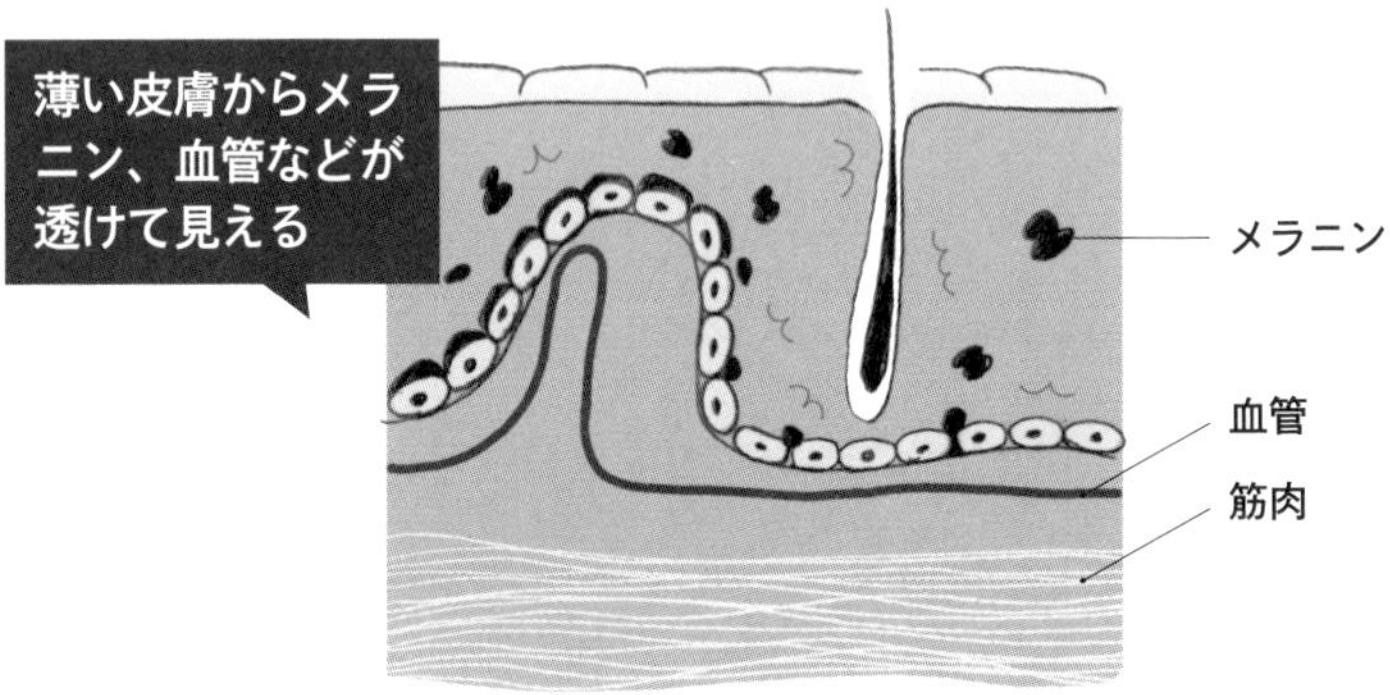

まぶたのたるみは顔全体の老化をまねく

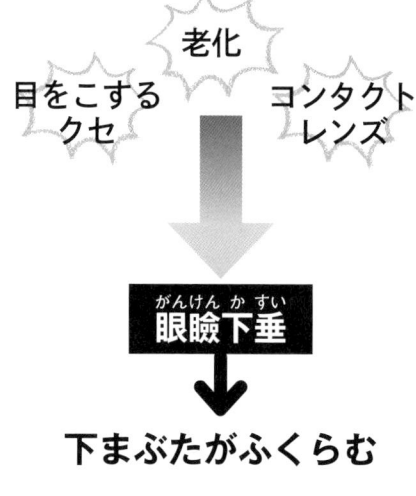

目をこするクセ

老化

コンタクトレンズ

↓

眼瞼《がんけん》下《か》垂《すい》

↓

下まぶたがふくらむ

まぶたを開くための筋肉がのびたり切れたりして、目が開きにくくなる「眼瞼下垂」になると、下まぶたがふくれてクマに見えることも。治療法は手術しかない。

目をさわらないことがベストの予防・治療法

くすみやクマの多くは、クレンジングや、アイクリームなど化粧品の使用が原因。化粧品をやめると、皮膚が厚くなり、くすみやクマは大幅に改善します。私が診てきた１０００人以上の患者さんもみな、肌のトーンが明るく変化しています。

　さらに透明感を求める場合は、レーザートーニング、ケミカルピーリング（→Ｐ１２２）などの治療法もあります。

　また、寝不足やストレス、冷えも、肌がくすんで見える原因のひとつ。化粧品でごまかし、悪化させずにすむよう、できるだけ規則正しい生活を心がけてください。

シミ

何もつけないケアで予防。できているシミはレーザーでとる

宇津木流スキンケアの効果　予防効果★★★　改善度★★☆

こするケアをやめるとシミができにくい

　美容に関心が高い女性がもっとも気にしているのが、シミでしょう。

　美白化粧品と日焼け止めでケアする人が多いようですが、いずれも肌を刺激し、かえってメラニンをめだたせるおそれがあります。乾燥、シワ、たるみなど、シミ以外の肌トラブルも確実に悪化します。

　美白化粧品に含まれる個々の成分には、シミを防ぐ効果があると考えられますが、それは研究室での実験の話。人での長期的な効果や害を調べたデータはほとんどありません。

　シミを防ぎたいなら、まず肌をいためるようなスキンケア、UVケアをやめましょう。

体のサビは、早めにメンテナンスする

　すでにできてしまったシミは、スキンケアで薄くはなっても、完全に治すことは困難です。

　しかしいまは、シミをレーザーで安全確実に治療できる時代です。気になるなら、医療機関で相談することをおすすめします（↓P118）。

　シミは顔のサビ。ほうっておくと徐々に濃くなり、広がっていきます。さらに進行すると、イボのように盛り上がってきて、腫瘍状のシミ（脂《し》漏《ろう》性《せい》角《かく》化《か》症《しょう》）になる傾向があります。

　車のサビと同じで、サビができたらメンテナンスするのは当たり前。

　シミの治療が可能になったいま、顔のサビをとるのは当然です。

シミを放っておくとイボのようになることも

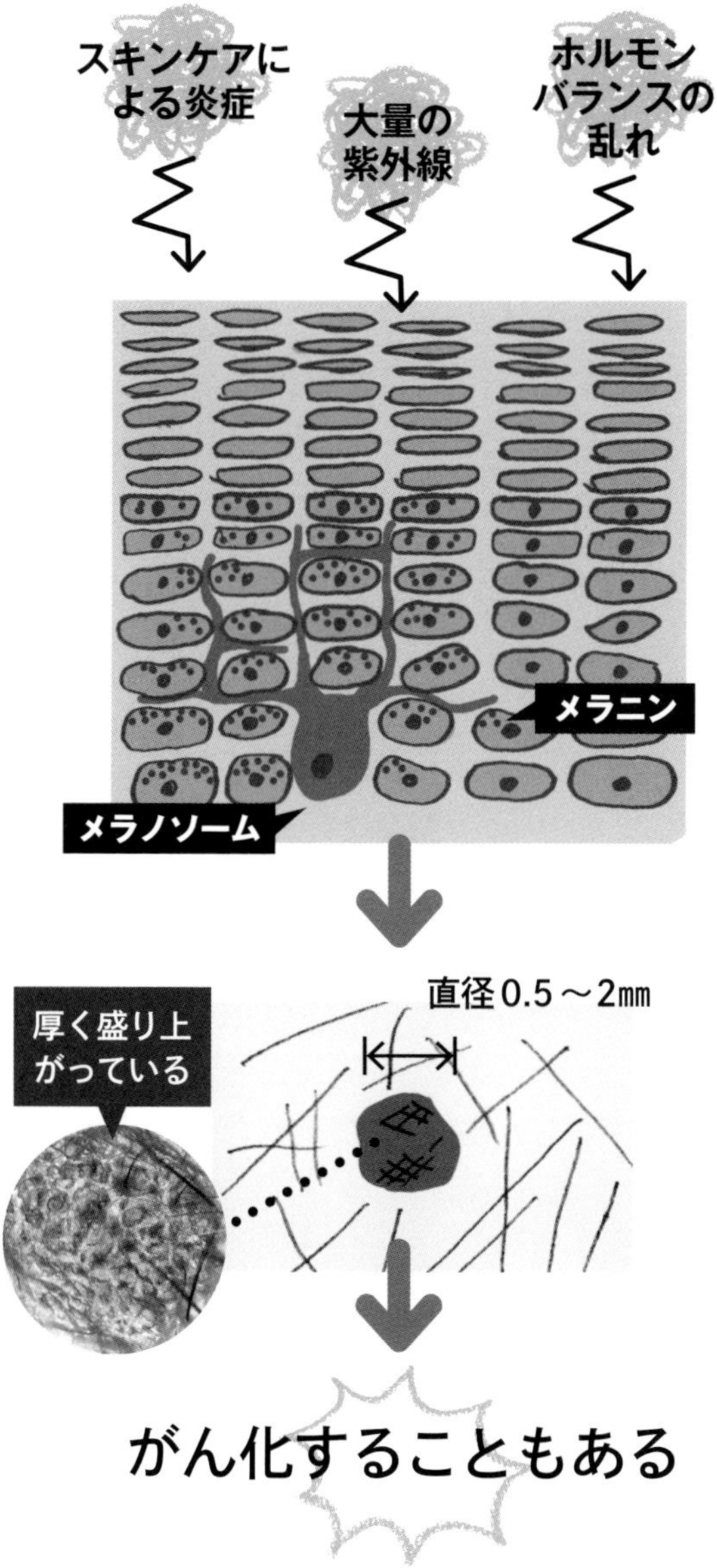

加齢によるシミ

長時間の強い紫外線、過剰なスキンケアなどで炎症が起こり、色素細胞（メラノソーム）が刺激されてメラニンを増やす。

ホルモンバランスの乱れなどでターンオーバーがとどこおると、シミとして残りやすい。

老人性のイボ

一度できたシミはどんどん濃くなる。

シミが大きくなると黒く盛り上がって細胞が変性し、イボのような状態（脂漏性角化症）になることが多い。

肌トラブルを本気で治す治療法

スキンケアの効果は、肌トラブルの予防が中心。明確な治療効果を求める場合は、美容外科、美容皮膚科で治療を受けましょう。

シミ治療

レーザー治療

安全性も効果も格段に進歩している

美白化粧品に高額の投資をする一方で、レーザー治療には拒否反応を示す人が多いようです。

レーザーが危険で高額というのは思いこみで、いまは安全確実に、安価にシミを治せる時代です。

直径1㎝のシミなら、安いところでは５０００円から3万円程度で治療できます。

長年の化粧品代に比べれば、格安のコストです。

シミのレーザー治療が安全確実なものという事実は、世間的にはまだ十分知られていません。

医学的に治療できなかった時代のうわさ、経験談が、いまでも信じられているのでしょう。

そのため、シミひとつとることにも、「美容医療は怖い」「いかがわしい」「危険で高額」など、ネガティブに考えがちです。

しかしこの10年で美容医療は飛躍的に進歩しました。とくにシミと脱毛のレーザー治療は、ほぼ100%満足していただけるレベルになっています。

ダウンタイムが短い方法もある

レーザー治療を受けると、治療後の色素沈着が数か月間続くことがあります（ダウンタイム）。

最近は、ダウンタイムがほとんどないか、短くてすむ方法もあります。Qルビーレーザーやフォトフェイシャル、eマトリックスなどを弱めに照射する方法です。治療は3～7回にわたり、治るまでに時間がかかりますが、効果は通常のレーザー治療とほぼ同等です。

ただしあきらかなシミは、1回のレーザー治療で、とれるぶんだけでもとってしまったほうがよいでしょう。万が一とれなかったら、主治医と相談して、症状に応じた処置をおこないます。

一度の治療では完治しない場合でも、時間をかけて適切な治療をおこなえば、ほぼ100％完治をめざせると考えています。

レーザー治療のおもな流れ

シミのレーザー治療の流れは、以下のとおり。医療機関やレーザーの種類によって異なるので、気になる点は医師に聞いてみよう。

1 レーザー照射

必要に応じて、事前に麻酔テープやクリームを使う。痛みはないか、肌がパチンとはじかれる程度。

2 テープで傷を保護

薬やワセリンを少量塗り、テープで保護する。3～5日以内にかさぶたとなり、1～2週間ではがれ落ちる。かさぶたになれば、テープははずしてもOK。

3 美白剤でケア

あとが残らないよう、4～6か月間美白剤を使う。シミのタイプによっては、あと数回、レーザーをあてることもある。

シワ、たるみ治療

フェイスリフト

シワ、たるみにもっとも効く究極の治療&予防法

シワ、たるみの究極の治療法は、何といってもフェイスリフトです。ただし現代のフェイスリフトは、ピンからキリまであります。

老化の程度にもよりますが、最近の手術以外の方法を駆使すれば、約40年前から世界中でおこなわれてきたＳＭＡＳ法フェイスリフトの効果に勝るとも劣りません。

いまの時代、フェイスリフトを受けるなら、手術以外の治療法よりも圧倒的に勝る方法でなければ意味がありません。

簡単なフェイスリストの価値がなくなってきたといえます。

大きなシワも部分的なシワも治せる

高い技術で最新の手術法をおこなえば、ほうれい線やマリオネットライン（口の横からあごにかけてのシワ）のような大きなシワも、きちんと治療、予防できます。

一部のシワが気になるときは、部分的なシワとり手術も可能です。手術する範囲は少し広めにすると、非常に自然な表情に仕上がります。

シワとり手術は、予防治療としてもおすすめです。

35～45歳くらいのうちに、こめかみから目尻のリフトをすると、顔の老化を確実に予防できます。

注射療法

コラーゲンなどを注入しハリを与える

シワ、たるみの治療法、予防法として、最初に試すべき方法です。

注射療法には、次のような方法があります。

・コラーゲン
・ヒアルロン酸
・ボトックス

治療では、シワ、たるみの原因をもとから断つことが大切です。

1つめの原因は、コラーゲン量の減少です。25歳ごろから毎年約1%ずつ減りはじめ、ハリがなくなり、ちょっとのことで折れ目（シワ）ができやすくなります。

コラーゲンが減って、シワができやすくなった部分には、注射でコラーゲンを補充します。目のクマのように、皮膚がへこんだ部分を平らにしたり、平らな部分をふくらませたりするには、ヒアルロン酸が適しています。

2つめの原因は、表情筋の拘縮《こうしゅく》です。筋肉が縮むと、シワ、たるみが悪化してしまうのです。

とくに目尻や口角の筋肉の拘縮は、老化を進める原因です。

定期的にボトックスを注入すると、強力なシワ予防効果が得られます。

レーザー・高周波治療

ニキビあとなど肌のデコボコにも効果的

10年前と比べ、レーザー治療は確実に進化しています。

かつてのレーザーでは、シミ、くすみなどの色素異常、ホクロや小さな腫瘍《しゅりゅう》くらいしか治すことができませんでした。しかし最新のレーザー機器では、ニキビ、ニキビあと、傷あと、毛穴のデコボコ、シワ、たるみなどにも、高い効果が得られます。

最先端の機器としては、高周波（RF）、超音波、プラズマなどの熱を利用するものがあります。

これらを駆使すると、皮膚にはほとんどダメージを与えず、必要な治療ができます。

「レーザーは危険」と思いこんでいる人も多いのですが、発がん性のような副作用もなく、専門の医師がおこなえばきわめて安全です。

ただし効果をよくばりすぎると、赤ら顔や乾燥肌などの弊害が出ることがあるので、注意が必要です。

クリニック宇津木流

その他の美肌治療法

クリニック宇津木流では、肌を美しくするために、以下のような治療法もとり入れています。

ケミカルピーリング

・グリコール酸
・サリチル酸　・乳酸

グリコール酸などの酸を塗って角質細胞を刺激する方法です。ターンオーバー（→P85）が促進され、さまざまな皮膚活性成分が細胞から分泌されます。

効果はマイルドで、肉眼ではわかりにくいため、治療効果はマイクロスコープを使って評価します。

キメの再生効果が高いため、肌治療には欠かせません。

レーザー

・QYAG　・フラクショナルRF
・プラズマ　・IPL

ダウンタイム（→P119）がほとんどないくらいの弱さでレーザーを照射し、新陳代謝をうながします。QYAGとよばれるレーザーが中心ですが、症状によって、ほかのタイプも併用します。

くすみ、肝斑《かんぱん》などに定期的にあてると、効果を発揮します。10年以上続けている患者さんもいますが、きわめて安全で、肌はいまも年々キレイになっています。

イオン導入

・ビタミンC
・トラネキサム酸

レーザーやケミカルピーリング後の、軽い炎症を鎮静させるためにおこないます。イオン化した薬品を、微弱な電流によって肌内部に入れます。

単独では効果が不確実ですが、定期的に続けると、肌の透明感が増す、毛穴がめだたなくなる、ニキビができにくくなるなどの効果が知られています。自宅でおこなう場合はやりすぎに注意します。

Part 5

体も髪も乾燥から守る
お湯だけボディケア&ヘアケア

化粧品をやめたあとは、きめこまかな美肌と、
シンプルで快適な生活が待っています。
体も髪もシンプルスキンケアに変えて、
すべすべのボディと美髪を手に入れましょう。

顔に悪い成分は体や髪にも悪い

ボディシャンプー、シャンプーも化粧品と同じ

宇津木流スキンケアを続けてきた１０００人以上の患者さんは皆、以前より若く美しい肌を手に入れています。10年以上診ている人も、10年前より若い肌を維持しています。

ただし中には、効果が現れるまで時間がかかる人がいます。特殊な化粧品を大量に使用してきた人、エステをまめに受けてきた人、アレルギー肌の人などです。

そのほかの理由として、洗髪時や入浴時のケア製品があげられます。

ボディシャンプーやシャンプーは、合成界面活性剤《ごうせいかいめんかっせいざい》(→P19)でできています。髪や体に残留し、顔の皮膚にも悪影響を及ぼすことが多いのです。

敏感肌の人は全身お湯洗いにする

少しでも早く美肌を手に入れたい人、効果がなかなか感じられずに悩んでいる人は、ヘアケア用品、ボディケア用品も見直しましょう。

体や髪の汚れは、お湯で流せば落ちます。数十年前までは、水かお湯で洗うのが普通だったのです。合成洗剤を全身にすりこむようになったのは、ごく最近のことです。

とくにアレルギー体質などで肌が敏感な人は、お湯洗いに切り替えてください。赤み、かゆみ、乾燥などの症状が確実によくなります。

洗濯洗剤も、衣類に残留して肌をいためます。洗濯には純石けん（→P40）を使ってください。

肌をいためる成分を体や頭皮にすりこまないで

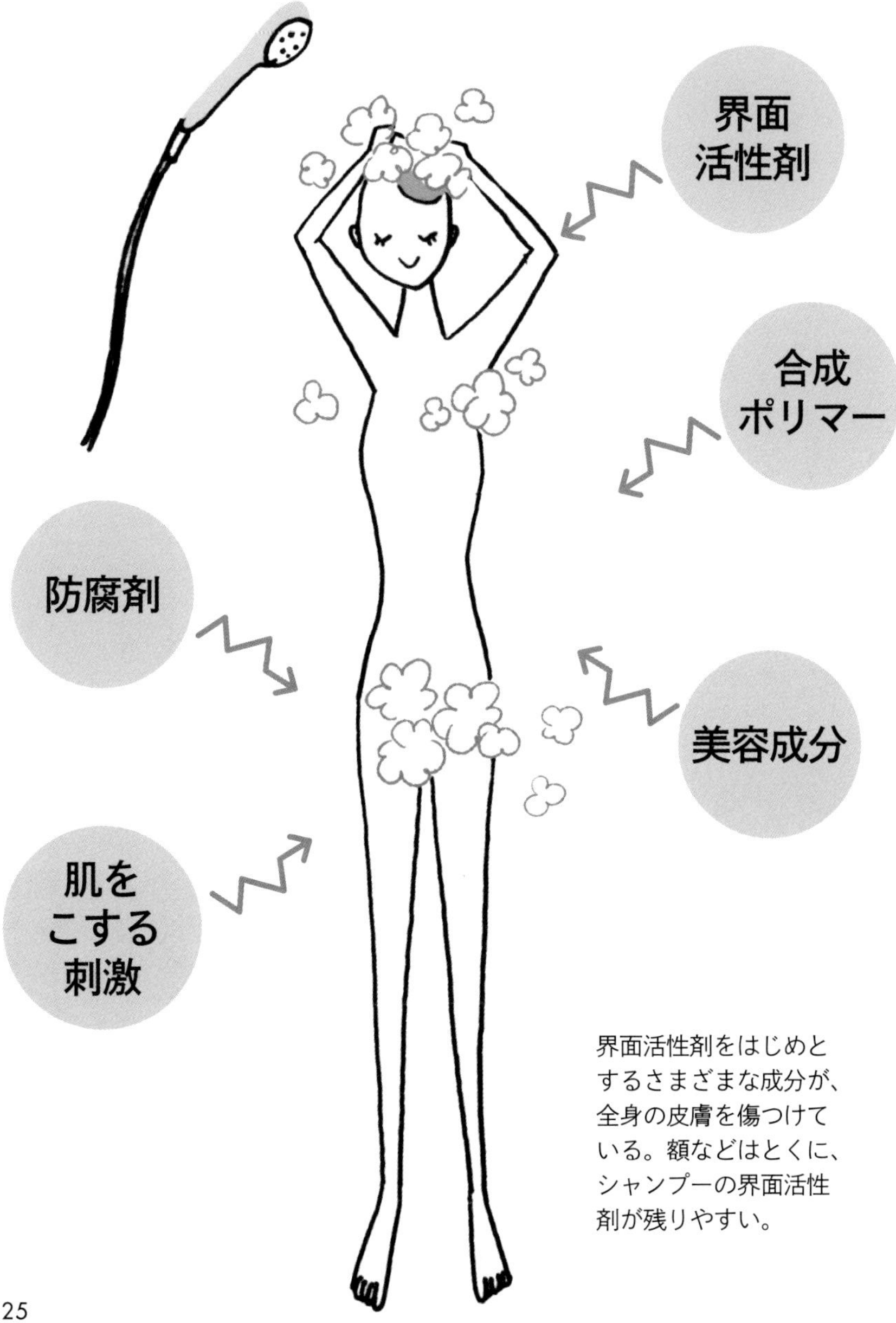

界面活性剤をはじめとするさまざまな成分が、全身の皮膚を傷つけている。額などはとくに、シャンプーの界面活性剤が残りやすい。

ボディケア

体をていねいに洗うと体臭が強まりやすい

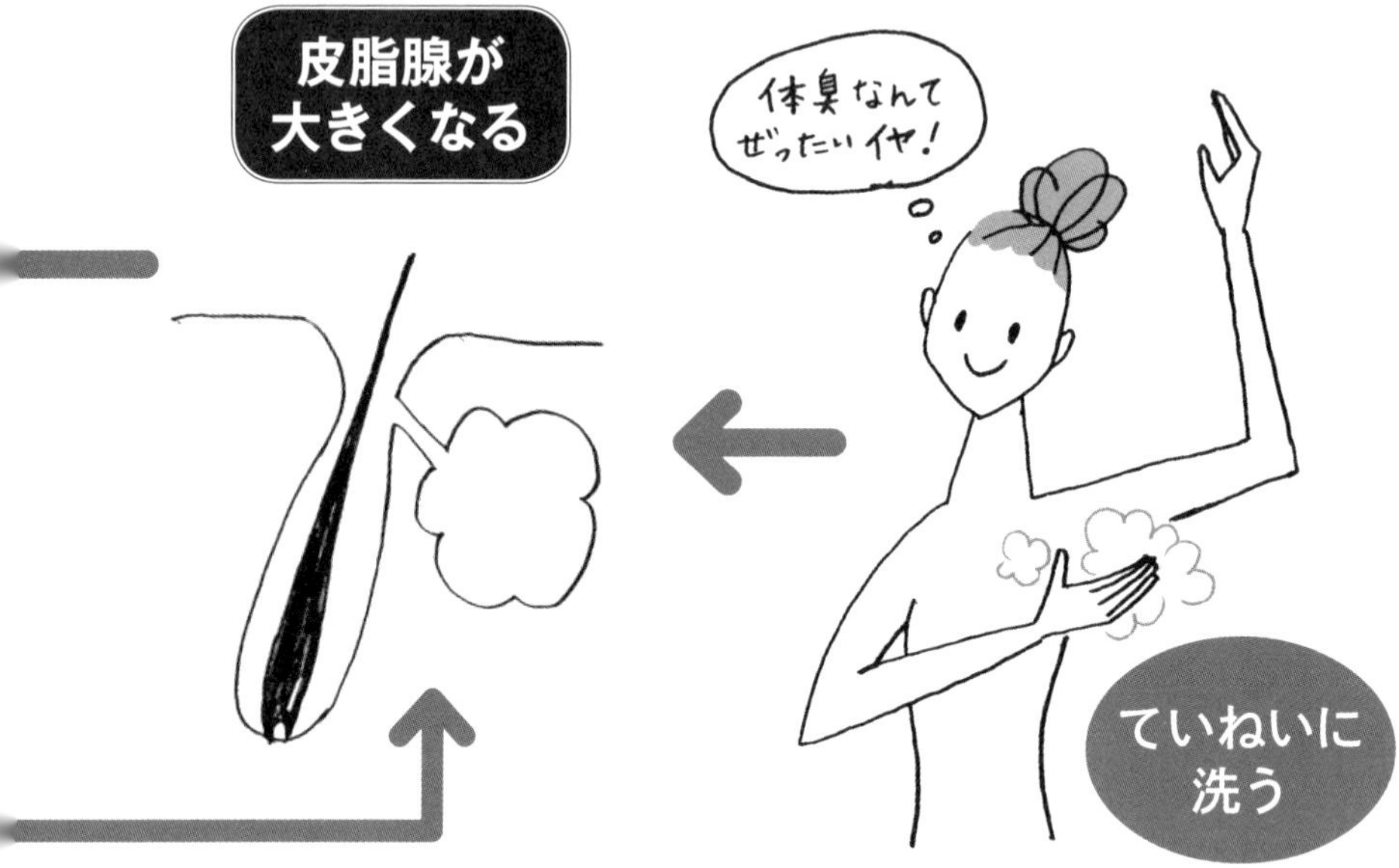
皮脂腺が大きくなる
体臭なんてぜったいイヤ!
ていねいに洗う

体の汚れはすべてぬるま湯で落ちる

泡立ちのよいボディシャンプーで全身をこすり続けると、どうなるでしょう。界面活性剤《かいめんかっせいざい》や接触刺激で肌バリアが壊れ、全身がカサつきます。するとボディクリーム、ローションなどを塗らずにはいられなくなります。フェイスケアと同じ悪循環におちいってしまうのです。

体の皮膚のつくりは顔と同じなので、ボディケアも水洗いが理想です。体から出た汚れは、ぬるま湯だけでキレイに落とせます。体のニオイが残ることもありません。

ボディシャンプーで洗いすぎると、むしろ体臭がきつくなるので注意しましょう。

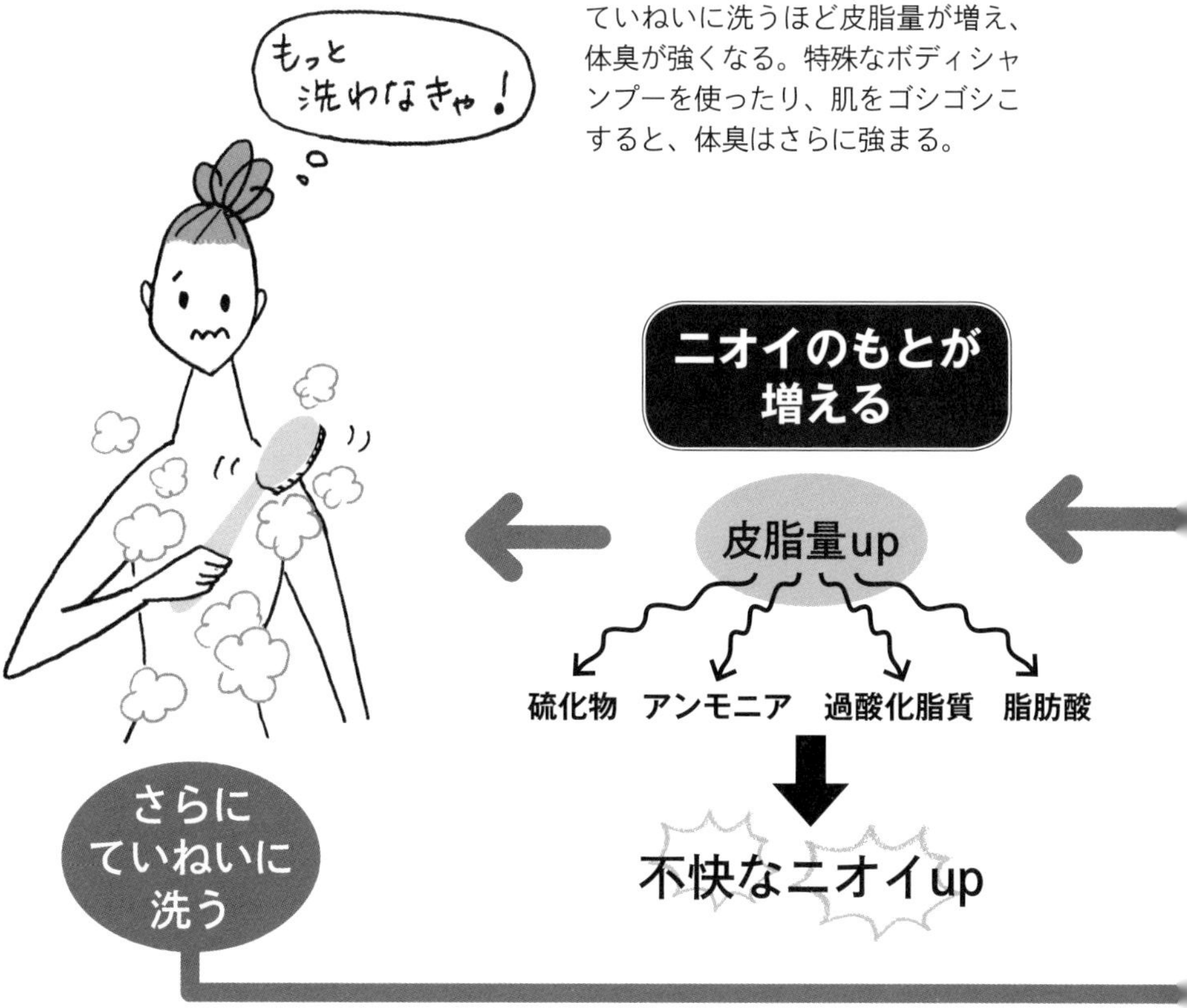

ていねいに洗うほど皮脂量が増え、体臭が強くなる。特殊なボディシャンプーを使ったり、肌をゴシゴシこすると、体臭はさらに強まる。

体臭、加齢臭は過剰な皮脂のせい

ボディシャンプーやボディブラシなどで皮脂をていねいに洗い流すと、不足した皮脂を補おうとして、皮脂《ひし》腺《せん》が肥大します。すると体から出る脂の量が増えてしまいます。

不快な体臭は、酸化した皮脂などが原因です。皮脂が増えれば、ニオイは当然強くなります。

酸化した脂質は肌を刺激し、炎症やかゆみを引き起こすので、肌はますますガサガサになります。

清潔を保つためのケアで体臭が強まり、肌がボロボロになっては、意味がありません。

よけいなケアをしないほうが、ずっと清潔で美しくいられるのです。

ボディケア

わきの下、陰部もぬるま湯洗いでOK

34〜35℃のお湯で流すだけ

　夏になると、ボディシャンプーで1日2回体を洗い、制汗シートで汗をふいたりしていませんか？　全身が乾燥し、肌の健康を守る常在菌《じょうざいきん》（→P88）が死滅してしまいます。

　わきの下のように体臭が強い場所も、お湯洗いだけで十分です。

　ニオイのもとであるアポクリン汗《かん》は、お湯だけで落ちます。

　ポイントは、肌表面の温度と同じ34〜35℃のお湯で洗うこと。33℃以下のぬるま水《みず》が理想的ですが、寒い日は、38℃くらいまでは許容範囲とします。

　それより熱いお湯を長くあてると、肌が乾くので注意しましょう。

肌をいためるボディケア用品

スポンジ

こする刺激で肌がいたむので、ボディスポンジやボディタオルは避け、手のひらで軽くこするようにする。

石けん

フェイスケアでは必要な純石けんも、ボディケアでは不要。石けんが必要なほどの汚れは体についていない。

ボディシャンプー

合成界面活性剤《ごうせいかいめんかっせいざい》、防腐剤（→ P77）などで肌バリアが壊れる。保湿剤入りでも、結果は同じ。

汚れやニオイが気になるパーツも お湯洗いが効く

汗腺《かんせん》が多いわきや足、皮脂が多い胸、背中こそ、お湯洗いが理想的。
皮膚の健康を保ち、いやなニオイを抑えられる。

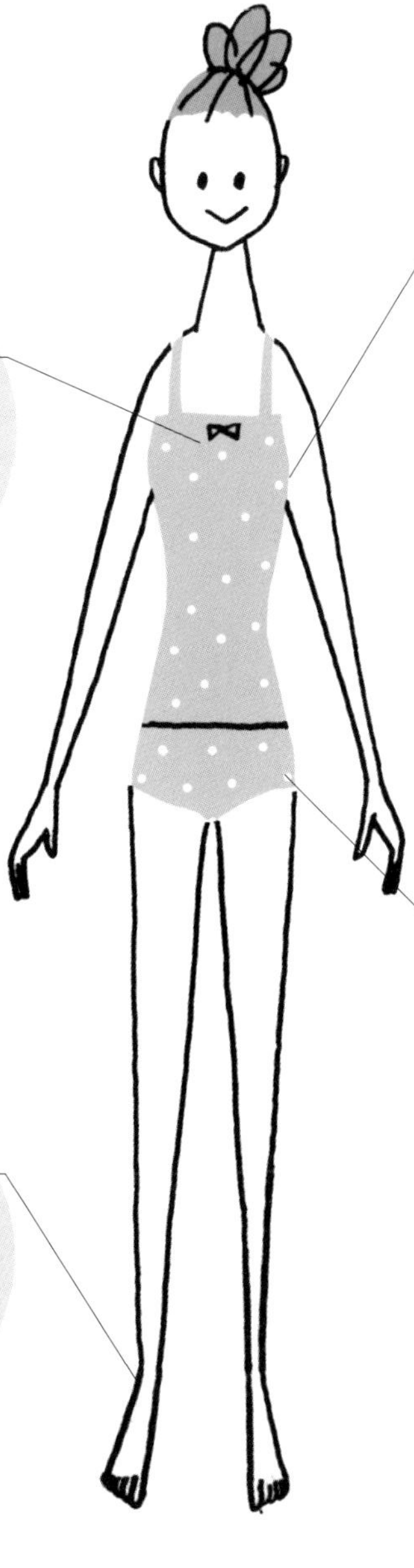

わきの下

アポクリン腺《せん》から出る汗と菌がニオイの原因。お湯で洗っても石けんで洗っても、ニオイの差はほとんどない。

胸・背中

もっとも皮脂が多い場所。ボディシャンプーで念入りに洗うと皮脂が増え、ニキビができやすいので注意。

背中用ボディソープはやめる
Body

陰部・おしり

尿や便の汚れ、膣の汚れもお湯で落ちる。
常在菌がいる健康な体なら、感染症にかかることもない。

足の裏

汗腺が多く、汗で蒸れてにおいやすい。お湯洗いで常在菌を増やし、皮膚を弱酸性に保つと、においにくくなる。

足、わきのニオイはデイリーケアで防ぐ

足の裏の「育菌」で水虫、ニオイを防ぐ

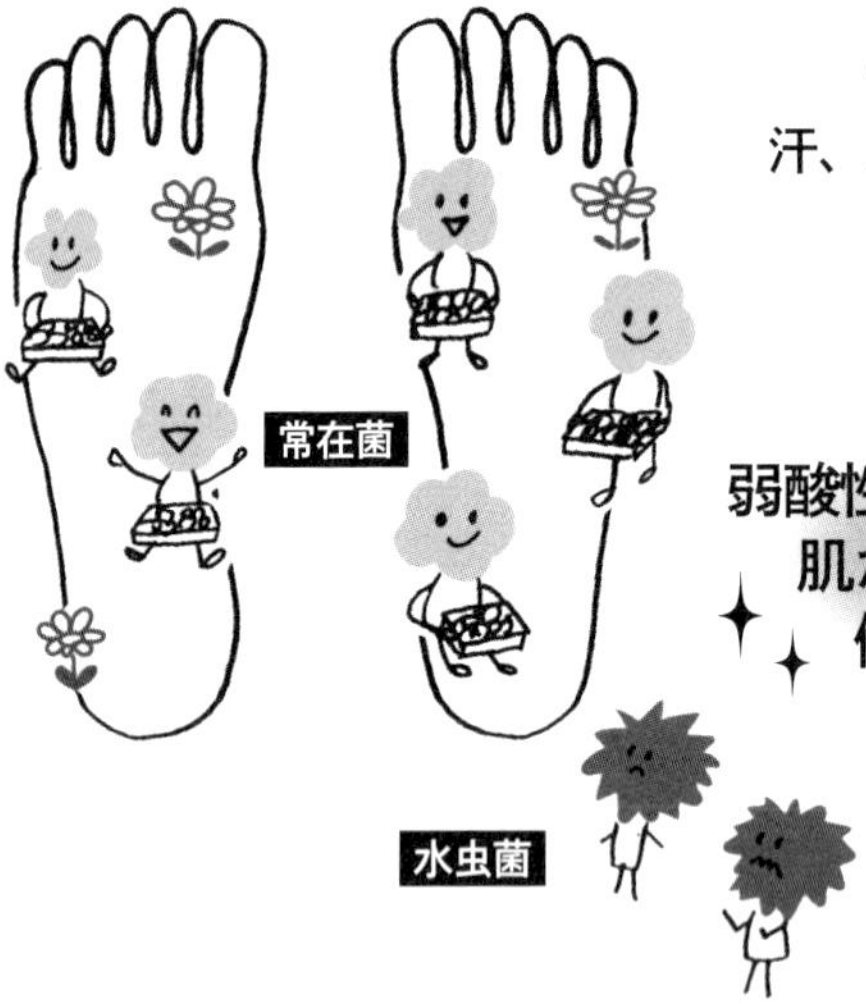

常在菌が
汗、皮脂を食べる

↓

弱酸性の排泄物で、
肌が弱酸性に
保たれる

お湯で洗う ○

常在菌《じょうざいきん》(→ P88)が元気だと、肌が弱酸性に保たれ、水虫菌などの悪い菌が繁殖しにくい。

水虫菌などが
繁殖

↓

不快なニオイ

感染症

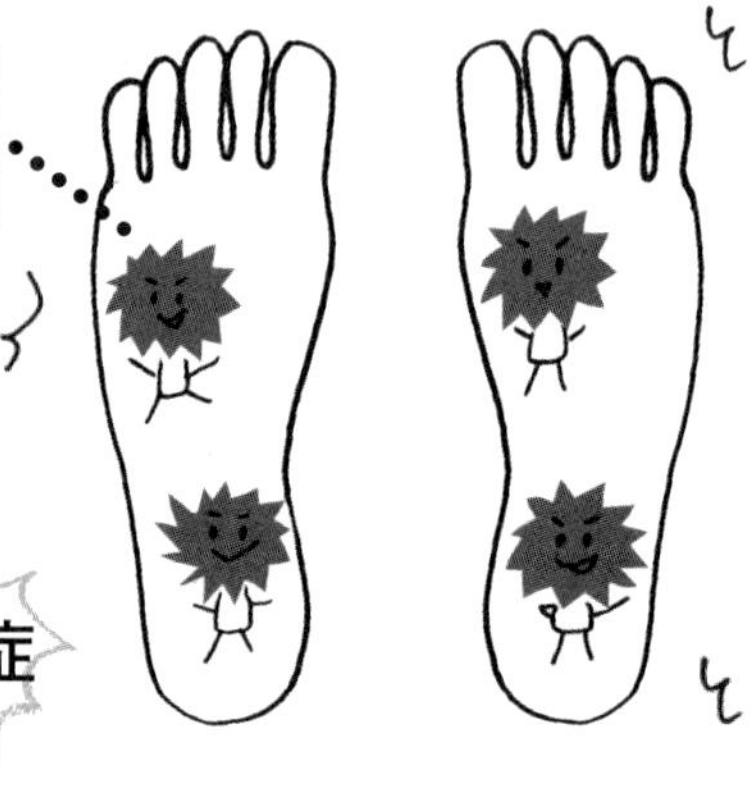

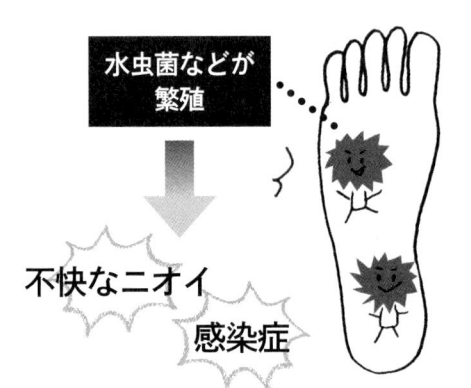

ボディシャンプーで洗う ✕

ボディシャンプーの防腐剤で常在菌が殺され、水虫菌などが繁殖。ニオイも悪化する。

わきのニオイは ミョウバンでケア

1 ミョウバンを水にとかす

洗面器などに水を入れ、粉末のミョウバンをよくとかす。300cc の水に 10g のミョウバンがめやす。

2 わきに塗る

ミョウバン水をわきに直接塗る。固形のミョウバンの場合は、水なしで直接わきに塗ってもいい。

足のしつこいニオイは靴のケア不足

お湯でよく洗っても足がにおう場合は、靴が原因かもしれません。靴の中は高温多湿で、足についた細菌やカビがたっぷりしみこんでいます。続けてはくと、靴のしつこいニオイが足にうつってしまいます。革靴は1日おきにはくようにし、風を通すなどのケアも忘れずに。スニーカーは定期的に洗い、清潔を保ってください。

それでもニオイが気になる人には、ミョウバンやアルミニウム製剤によるケアがおすすめです。

わきの下も同じ。上図のようにミョウバンを塗ると皮膚が酸性になり、細菌が繁殖しにくくなります。

ボディケア

熱い風呂は美肌の大敵。入浴剤も使わない

汗をかいても キレイにはなれない

湯船につかると血行がよくなり、気分もリラックスします。しかし熱い湯に長時間つかると、肌が乾燥するというデメリットもあります。

美肌のためには、湯の温度は38℃以下がめやすです。ただし血行をよくし、冷え性を改善するには、38～41℃がよいといわれています。季節や体質、肌の調子にあわせて、温度を調整するとよいでしょう。極端な長風呂は、なるべく避けます。

入浴は、シャワーだけですませても何ら問題ありません。

シャワーを浴びるときは、水圧をなるべく弱くすると、肌が乾燥しません。

入浴剤がわりに 塩かアロマオイルを使う

入浴剤はなるべく使わないようにします。入浴剤にはさまざまな成分が含まれていて、素人にはわからない成分ばかり。安全性を確かめられない成分を、毛穴から体内に浸透させるのは、避けたほうが無難です。

お湯に何か入れるなら、塩が理想的です。大さじ2、3の塩をお湯に溶かし、入浴してください。湯冷めしにくく、手足の先まで血行がよくなるという報告もあります。

香りを楽しむなら、アロマオイルを1、2滴たらすと、リラクセーション効果が得られます。水蒸気を含んだ空気を鼻からゆっくり吸うと、鼻づまりなどの症状も改善します。

短時間のぬるま湯浴で肌のうるおいを守る

湯船につかるときは、お湯の温度や時間に注意して肌のうるおいを守る。

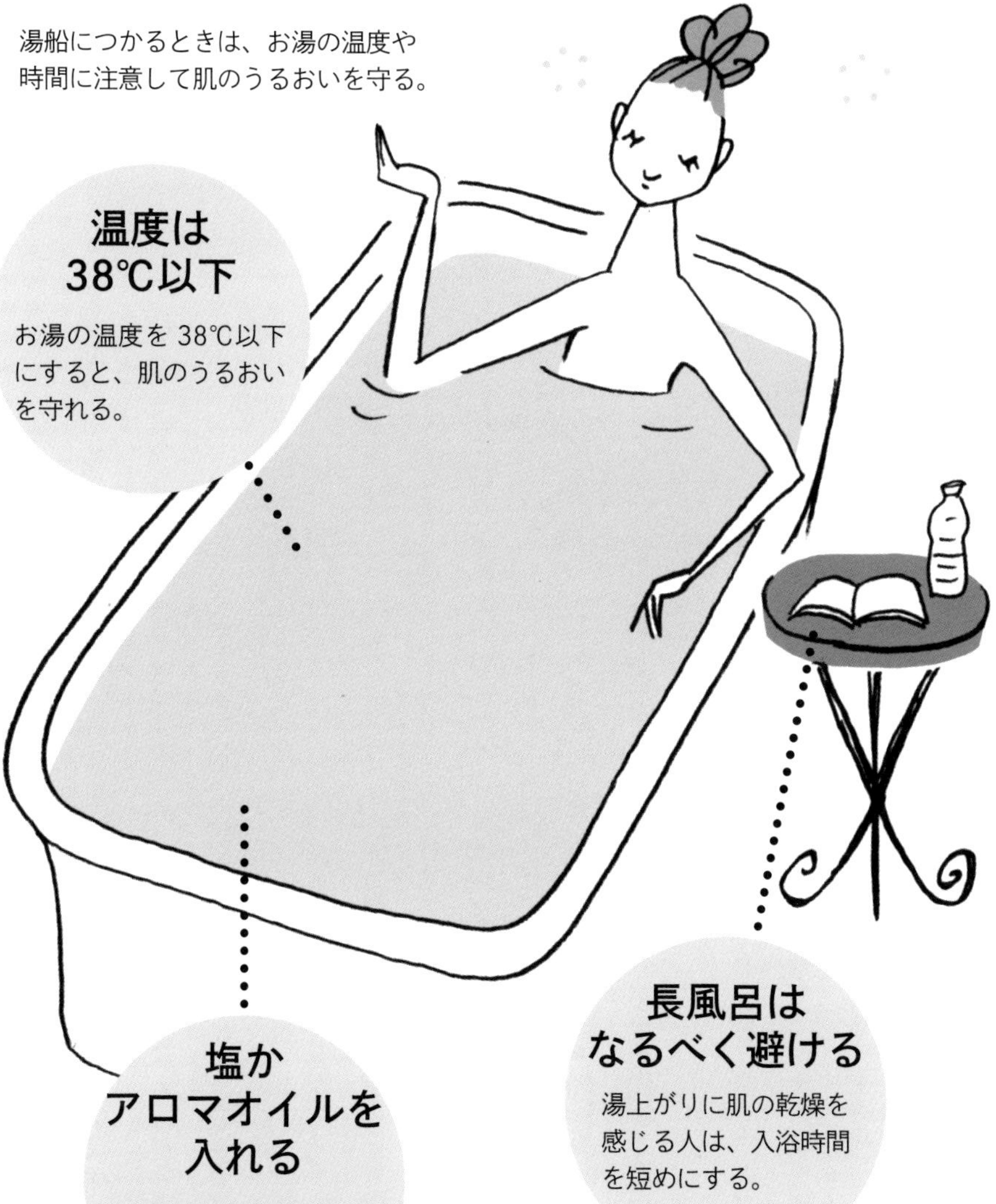

温度は38℃以下

お湯の温度を38℃以下にすると、肌のうるおいを守れる。

塩かアロマオイルを入れる

肌にもっともやさしいのは塩。香りを楽しみたいならアロマオイルをたらす。

長風呂はなるべく避ける

湯上がりに肌の乾燥を感じる人は、入浴時間を短めにする。

ボディケア

ボディクリームがわりにワセリンを使う

ボディクリームは肌の保湿バリアを壊す

含有成分は化粧品とほぼ同じ。肌の保湿バリアを壊し、かゆみや乾燥をまねく作用しかない。

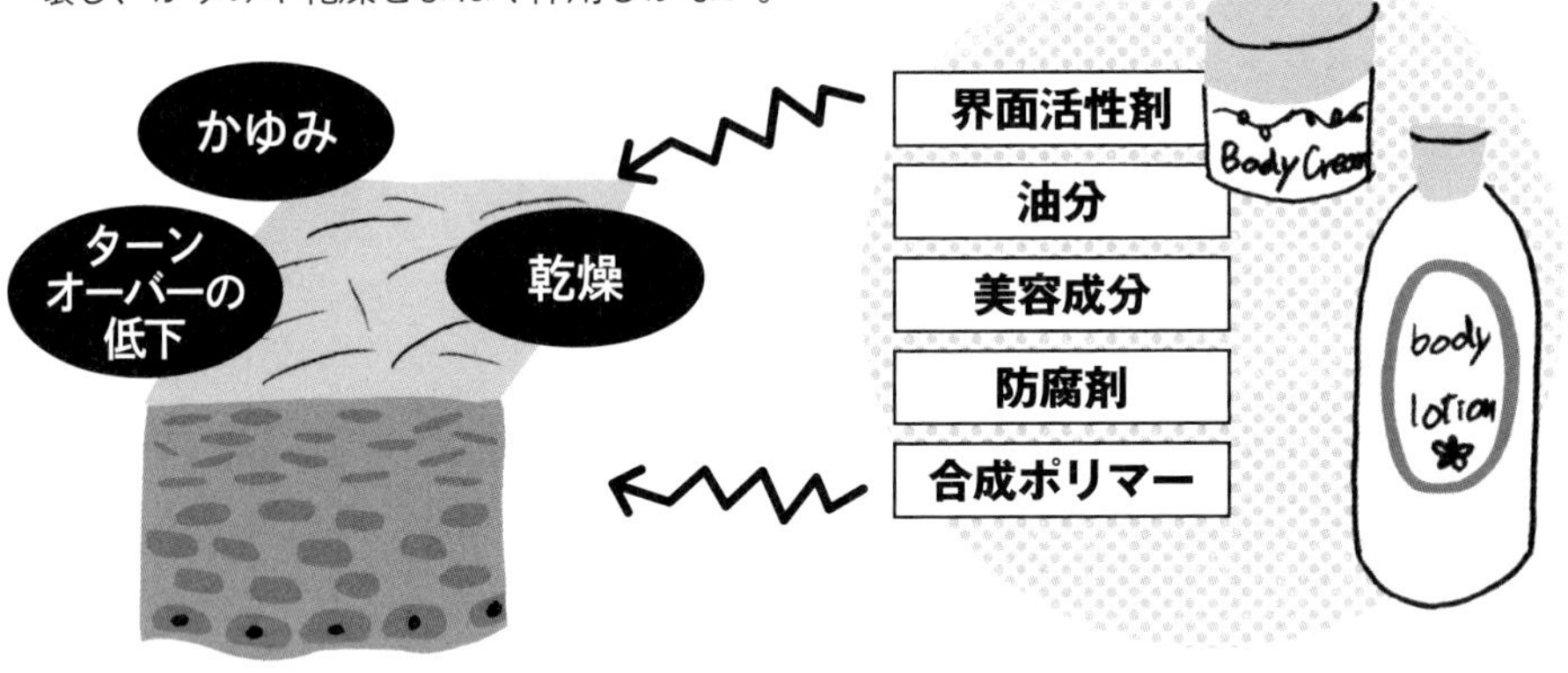

ボディ用保湿剤にも界面活性剤が含まれている

入浴後にボディクリームを塗るのは、顔に化粧品をすりこむのと同じ。化粧品をすりこんできた顔の皮膚に比べ、体の皮膚はキレイな状態が保たれているはずです。せっかくのきめこまかな肌を荒らすような、よけいなケアはやめましょう。

とくに粘度が高いクリームや美容液ほど、界面活性剤《かいめんかっせいざい》などの有害な成分が含まれているので、使わないでください。

乾燥で赤みやかゆみが出たり、粉をふいたりしているときだけ、部分的にワセリンをつけます。

ごく少量を手のひらでのばして、押しづけしましょう（→P43）。

加齢によるカサつきはワセリンでケア

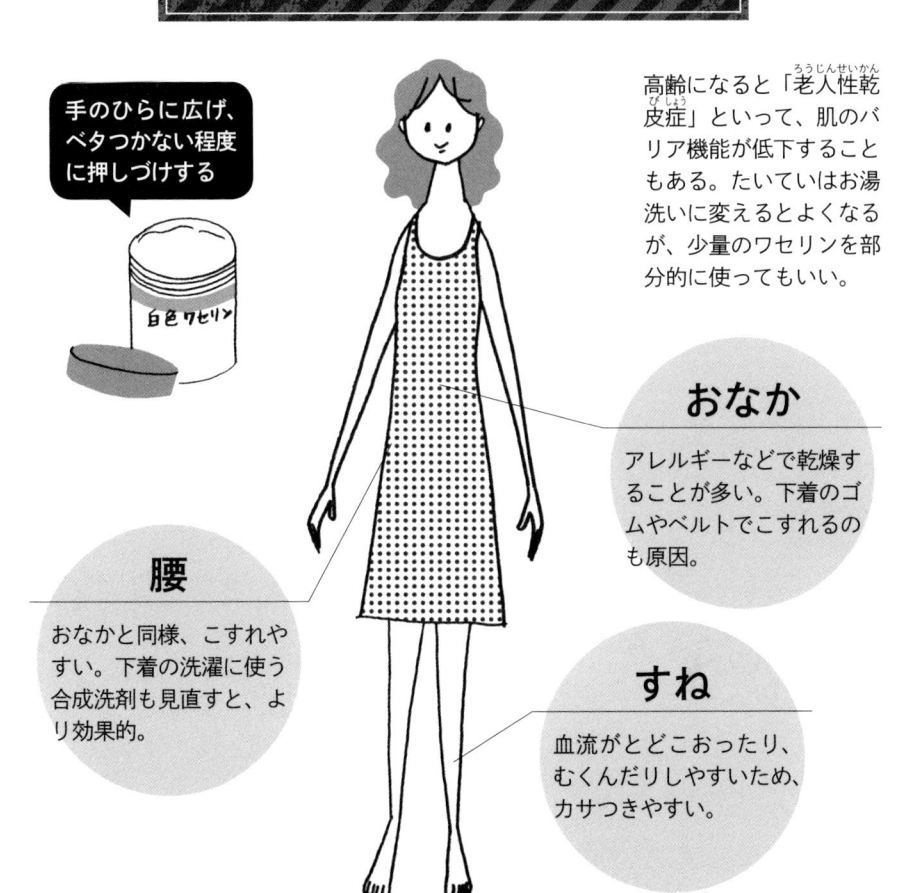

手のひらに広げ、ベタつかない程度に押しづけする

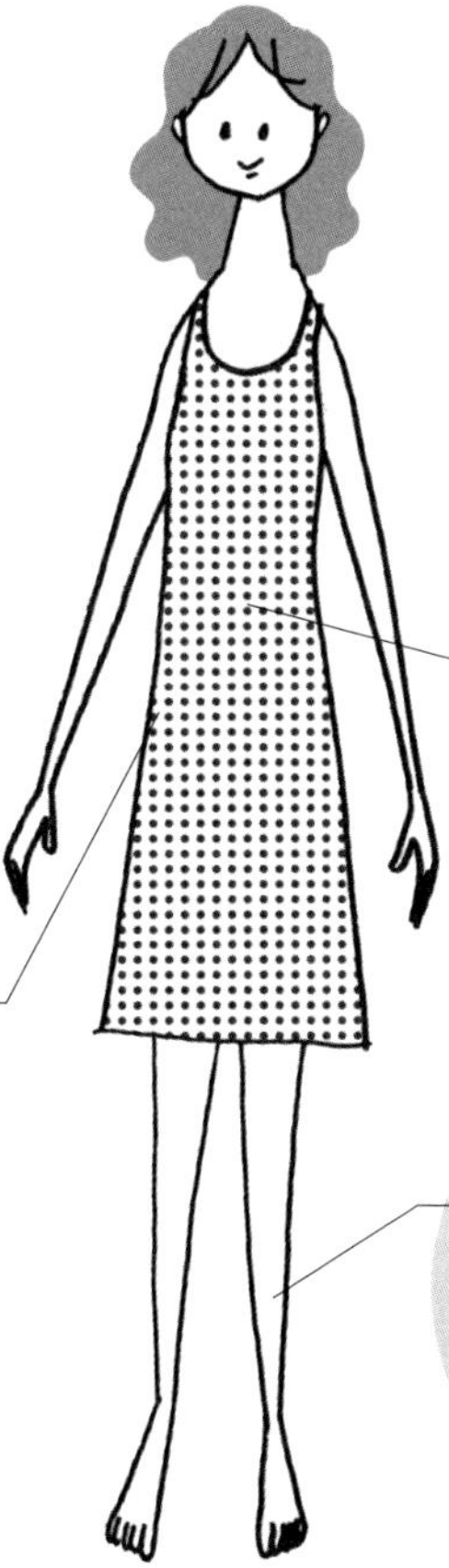

高齢になると「老人性乾《ろうじんせいかん》皮症《びしょう》」といって、肌のバリア機能が低下することもある。たいていはお湯洗いに変えるとよくなるが、少量のワセリンを部分的に使ってもいい。

おなか

アレルギーなどで乾燥することが多い。下着のゴムやベルトでこすれるのも原因。

腰

おなかと同様、こすれやすい。下着の洗濯に使う合成洗剤も見直すと、より効果的。

すね

血流がとどこおったり、むくんだりしやすいため、カサつきやすい。

Column

背中ニキビ用ローションは使わない

背中ニキビに悩む女性が増えていますが、背中ニキビ用の殺菌系ローションを使うと、炎症がますます悪化することがあります。背中ニキビの多くは、シャンプー剤などの付着が原因。髪も体もお湯で洗うか、シャンプー剤が背中につかないよう注意してください。

ボディケア

カサカサ角質もワセリンでケア

足裏の角質にはワセリンか薬を使う

角質を削ってツルツルになるのは、一時的な効果。皮膚の防御反応が起きて、角質がますます厚くなる。石けんでていねいに洗うのもNG。

ひじ、ひざにはワセリンを米粒1粒分塗る

ひじ、ひざは角質がたまって黒ずんだり、カサカサになりがち。

ひじの場合は、ほおづえで皮膚がこすれ、角質が厚くなっている人が多いようです。かゆみやひびわれがあったり、赤くテカったりしている場合は、真菌が繁殖していることもあります。皮膚科に行って、抗真菌《こうしんきん》剤《ざい》を処方してもらいましょう。

ただの角質《かくしつ》肥《ひ》厚《こう》なら、市販のピーリング剤（左ページ参照）が有効です。2〜3回使って角質を薄くしてから、ワセリンでケアしましょう。

ワセリンはごく少量にとどめます（→P43）。つけすぎると、角質がよけい厚くなるので注意します。

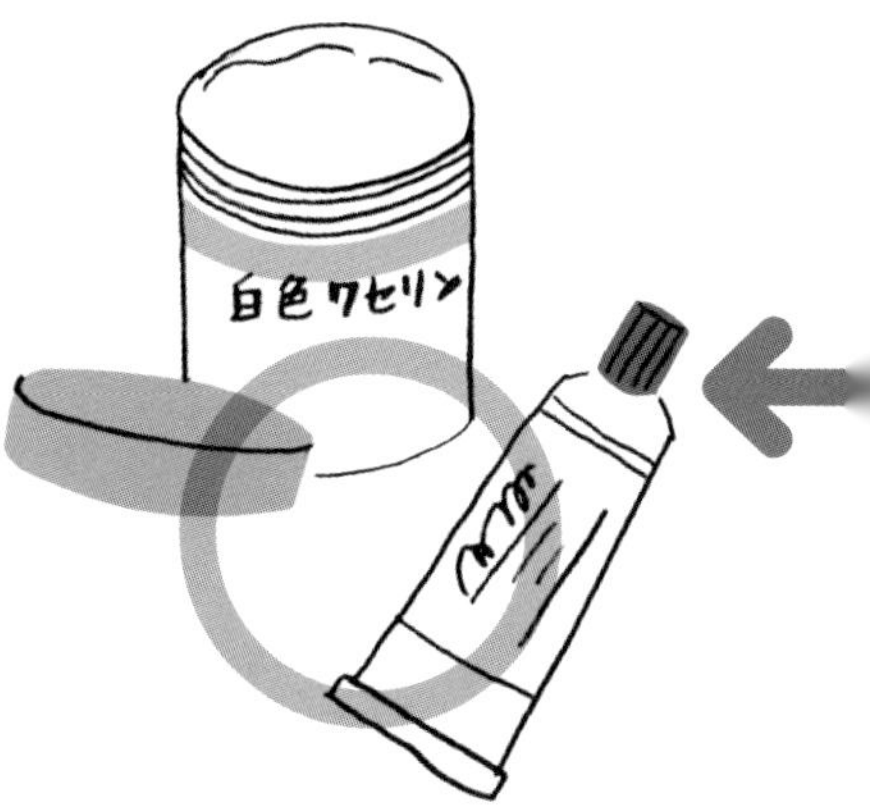

ワセリンを1日1～2回塗ると、よくなることが多い。かかとの頑固なひびわれには、水虫の薬（抗真菌剤）が効果的なこともある。

ワセリン、抗真菌剤で改善しなければ、尿素やサリチル酸入りのクリームを数日間塗るか、5～10％濃度のグリコール酸（ピーリング剤）を塗る。

ヤスリで削ると角質が厚くなる

かかとにはつねに体重がかかっているため、ひじ、ひざ以上に角質が分厚くなります。

ボディシャンプーや石けんで洗うと、乾燥してひびわれを起こすので、必ずぬるま水《みず》で洗ってください。

ヤスリや軽石で削るのもよくありません。薄くなった皮膚を守ろうとして、角質がさらに厚くなります。

削るケアをやめてワセリンをつけると、徐々にすべすべになってきます。尿素配合クリームやピーリング剤の一時的な使用も効果的です。

それでも治らなければ、水虫による角質肥厚が疑われるので、皮膚科で診察を受けてください。

ボディケア

手足やわきのムダ毛はカミソリでサッとそる

毛の流れと同じ
方向にそる

カミソリでそる ○

肌へのやさしさ ★★★

肌表面しかいためない

乾いた皮膚にカミソリをかるくあててそると、毛根をいためにくい。どうしても入浴中にそりたい人は、深ぞりしないよう注意する。

また、毛穴がめだってきたらレーザー脱毛を考える。

Column

顔そりにもクリームはいらない

鼻の下のうぶ毛などをそるときも、クリームはいりません。

界面活性剤などの刺激で肌がよけいに荒れてしまうので、何もつけずにそりましょう。男性のひげそりも同じで、泡やローションをつけずにかるくそったほうが、肌荒れが起こりません。

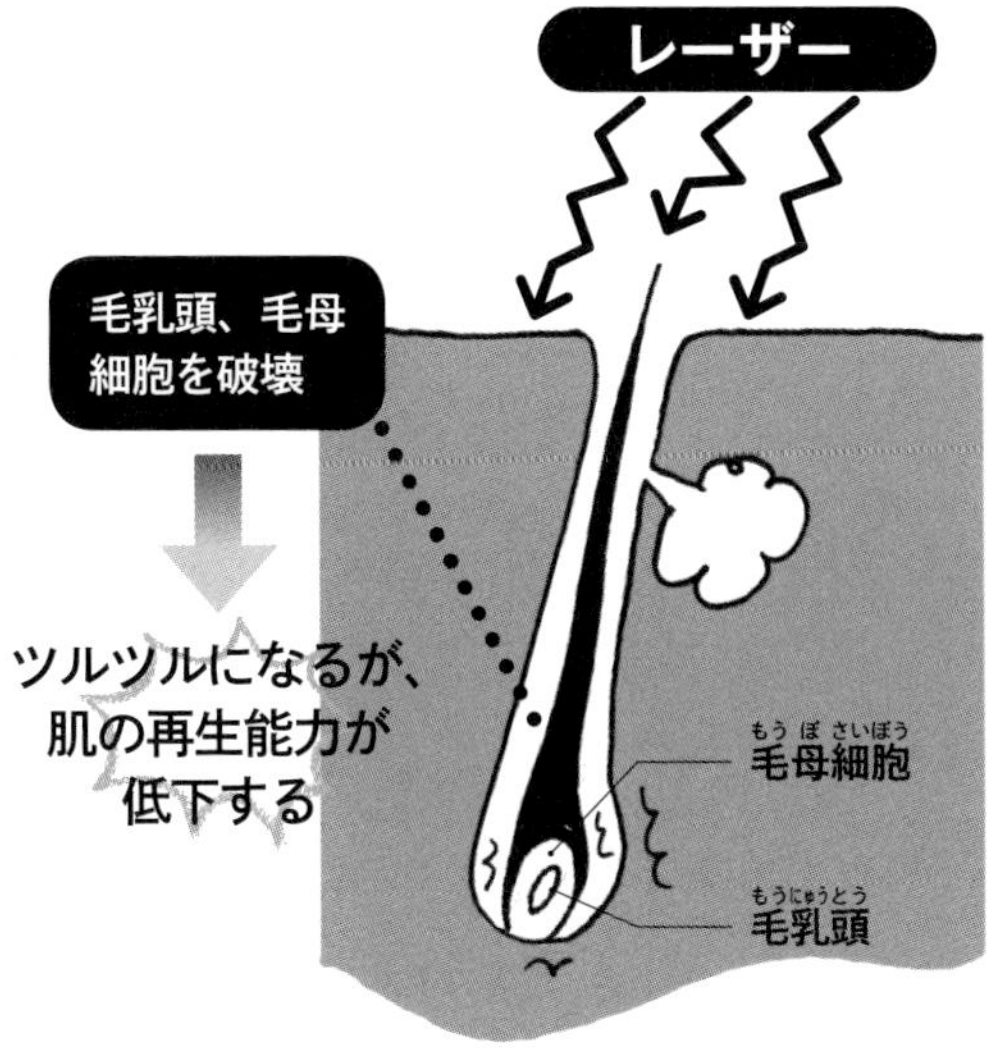
レーザー
毛乳頭、毛母細胞を破壊
ツルツルになるが、肌の再生能力が低下する
毛母細胞《もうぼさいぼう》
毛乳頭《もうにゅうとう》

レーザー脱毛 △

肌へのやさしさ ★☆☆

肌ダメージは大きいが見た目はキレイ

毛根《もうこん》の細胞を焼き、発毛能力をなくす方法。肌へのダメージは大きいが、見た目はキレイで、長期的にはおすすめ。

家庭用脱毛グッズ ×

肌へのやさしさ ☆☆☆

ワックス類は肌荒れ、ブツブツのもと

家庭用の脱毛ワックス、脱毛テープは、毛根だけでなく、肌表面へのダメージも強い。家庭用脱毛器は、効果が弱いのが問題。

クリームを塗るとカミソリ負けがひどくなる

ムダ毛処理は、確実に肌を傷つけます。肌への害を知ったうえで、最小限にとどめることが大切です。

刺激が少ないのは、カミソリです。深ぞりしないよう、肌表面にカミソリをそっとすべらせ、毛の流れと同じ方向にそります。

そる前やそったあとに、クリーム類を塗ってはいけません。界面活性《かいめんかっせい》剤《ざい》が肌バリアを壊し、毛穴の傷を刺激して色素沈着を起こします。カサつくときは、ワセリンを少量だけつけましょう。

レーザー脱毛は皮膚の健康によいとはいえませんが、仕上がりは美しく、長期的にはおすすめです。

ボディケア

ハンドソープも
ハンドクリームもいらない

水だけで洗えば手荒れしない

手荒れのおもな原因は、合成洗剤と、過剰な手洗いのくり返しです。水仕事をするときは、なるべくゴム手袋をはめるようにしましょう。

さらにハンドクリームも手荒れの原因となります。化粧品と同様、水分、油分を界面活性剤《かいめんかっせいざい》で混ぜてつくられているので、毎日使い続けると、肌バリアが壊れます。

カサつきが気になるときは、ワセリンを薄くつけましょう。肌の伸縮性が増し、ひびわれしにくくなります。ひびわれしている場合は、通常のスキンケアより多めにつけます。

朝晩2回、水洗いで落として、新たにつけ直すことも大切です。

手洗い後の消毒も手荒れのもと

手を洗うときは、ハンドソープを使わず、水だけで洗います。

「手がバイ菌だらけになる」という人もいますが、ほとんどのバイ菌は水で流せば落とせます。

菌が多少残っていても大丈夫。感染症を起こすには10万個以上の菌が必要です。水で洗っていれば、菌がそこまで増えることはありません。

手洗い後のアルコール消毒も必要ありません。日常的に使っていると肌バリアが壊れ、手荒れ、ひびわれを起こします。肌を守る常在菌（→P88）が激減し、病原菌が増えるおそれもあります。過度の清潔志向は、不潔さの原因にもなるのです。

トイレのあとも石けんは使わない

「トイレのあとは、石けんで手を洗うもの」と信じこんでいないだろうか。体から出る汚れは、石けんを使わなくてもキレイに洗い流せる。

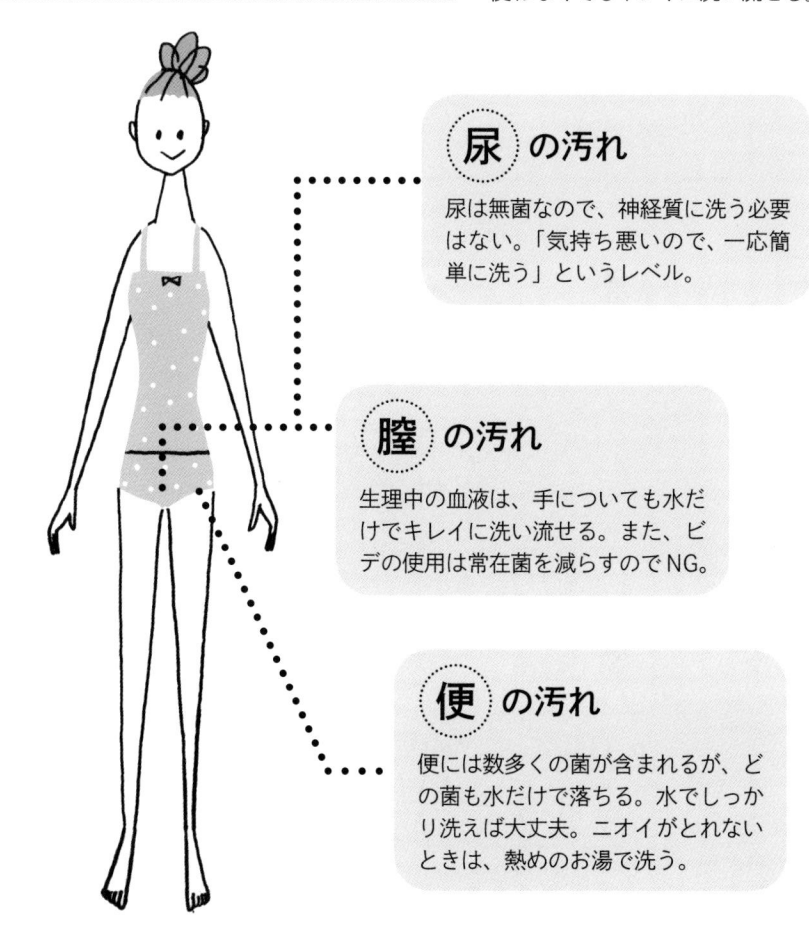

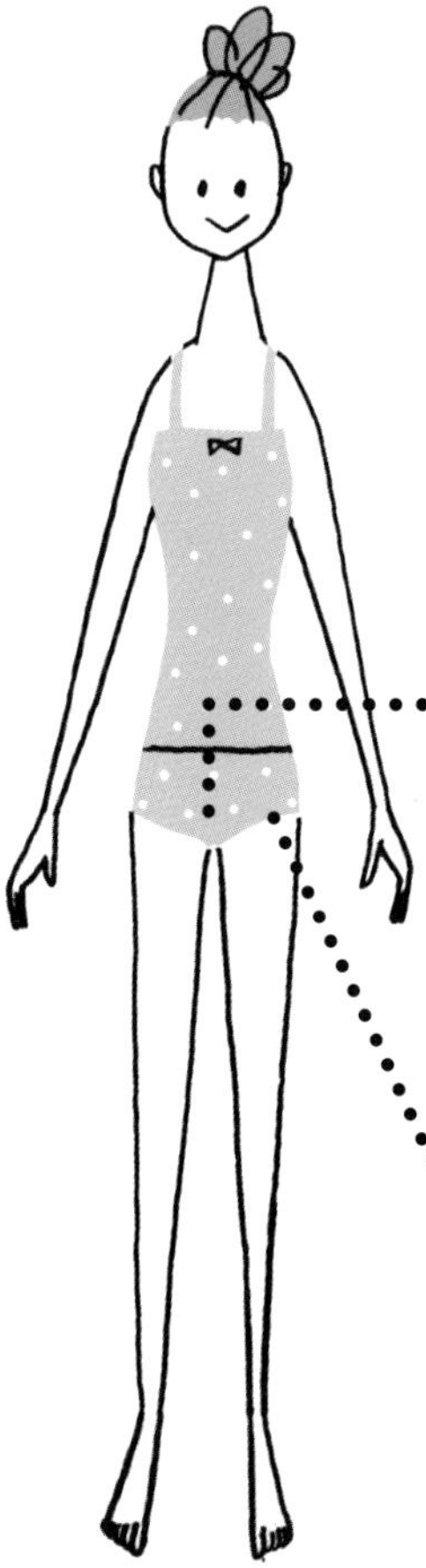

尿の汚れ

尿は無菌なので、神経質に洗う必要はない。「気持ち悪いので、一応簡単に洗う」というレベル。

膣の汚れ

生理中の血液は、手についても水だけでキレイに洗い流せる。また、ビデの使用は常在菌を減らすのでNG。

便の汚れ

便には数多くの菌が含まれるが、どの菌も水だけで落ちる。水でしっかり洗えば大丈夫。ニオイがとれないときは、熱めのお湯で洗う。

Column

うがい薬は、かぜのもと？

細菌を殺すうがい薬も、使いすぎは考えものです。口の中の常在菌が減り、のどの粘膜も弱くなり、ウイルスなどに感染しやすくなります。うがい薬でうがいをしても、かぜの罹患率は変わらないという報告もあります。

実践！ボディ肌断食 Q&A

Q お湯洗いだけで、体は本当ににおいませんか？

A 7年間続けていますが、ニオイは以前より感じません

私自身、何もつけないボディケアを7年間続けています。髪も体もお湯でサッと洗うだけなので、シャワーはわずか2～3分。それでもニオイやベタつきが気になることはありません。汗をたくさんかけば汗くさくなりますが、それは石けんで洗っていたときと同じです。仲間の美容皮膚科医、形成外科医の女性たちもお湯洗いをはじめていますが、ニオイが気になることはありません。

Q アトピー、アレルギー体質の人は、入浴後にクリームを塗るべきでは？

A クリームをやめたほうが、かゆみはおさまります

アトピーやアレルギー体質の人こそ、化学物質は極力減らすべきです。ただでさえバリアが脆弱な肌をクリームでいためつけ、症状を悪化させます。クリームの使用をやめると、赤みやかゆみはかなりおちつくはずです。

Q はじめて１週間たちますが、体がかゆいです

A 肌バリアが回復するとおさまります

かゆみの多くは乾燥が原因です。ボディシャンプー、石けんをやめて２～３か月たつと、肌の保湿バリアが復活し、かゆみはおちついてきます。

シャンプー、リンス、染毛剤が体につかないようにすることも大切です。

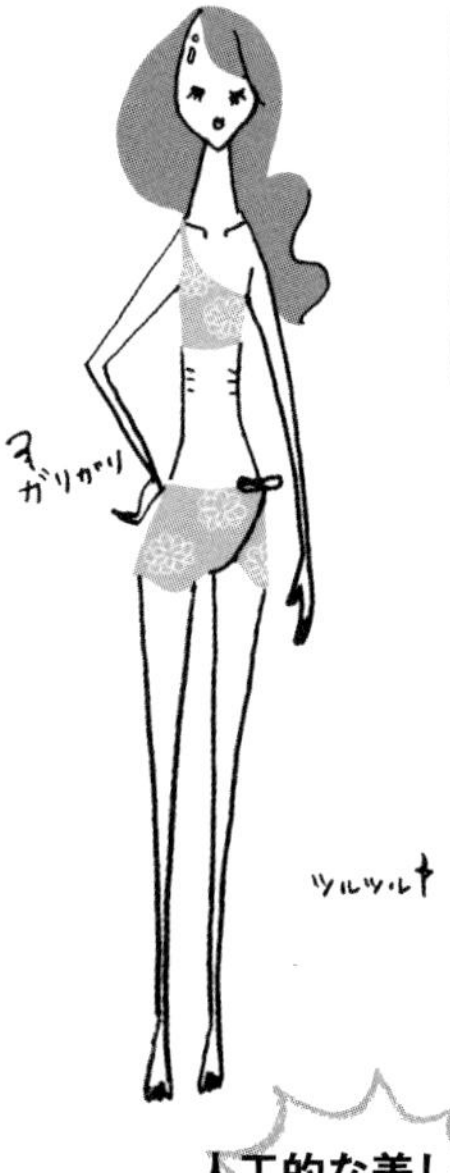

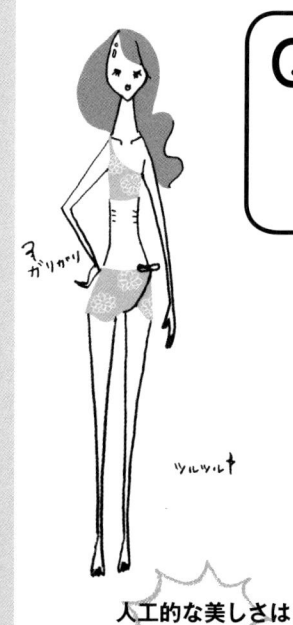

Q カミソリのムダ毛処理はイヤ。レーザー脱毛ではダメですか？

A ダメとはいいませんが、ムダ毛をそこまで気にする必要はありません

カミソリが好まれないのは、毛の断面や毛穴がめだつためでしょう。レーザー脱毛なら、ツルツルの肌を長く維持できます。しかし多少のうぶ毛なら、健康な肌とマッチした魅力にもなります。その魅力をそこなってまで、処理する必要があるでしょうか。昨今では女性のムダ毛にうるさい男性もいるそうですが、そんな男性は相手にせず、健康的な体の美しさを大切にしてください。

人工的な美しさは肌を不健康にする

ヘアケア

過剰なケアによる女性の薄毛が急増中

シャンプーの害はクレンジング並みに強力

シャンプーの成分表示を見たことがありますか？　よくわからないカタカナだらけですが、一つひとつ調べてみると、きっと驚くはずです。

強力な界面活性剤《かいめんかっせいざい》、パラベンなどの防腐剤（→P77）に加え、発がん性や環境ホルモンの疑いがある成分などが含まれるものもあります。

もちろん、頭皮や髪によいといわれる美容成分も入っていますが、理屈は化粧品と同じ。合成界面活性剤で肌バリアを壊し、美容成分を中に入れるしくみです。

界面活性剤や美容成分による炎症で、毛穴が赤くなっている人も少なくありません。

洗いすぎによる脂漏性皮膚炎も増えている

現代の女性は、薄毛に悩まされる人が増えています。頭頂部が薄い人もいますし、若いうちからコシがなく細い髪質の人もいます。

洗いすぎで皮脂腺《ひしせん》（→P75）が大きくなったり、常在菌《じょうざいきん》のバランスがくずれたりして、脂漏性皮膚炎《しろうせいひふえん》にかかる人もいます。その原因には、防腐剤などの化学物質の使いすぎもあると考えられます。

体から出る汚れはお湯で落ちます。シャンプーを使わないほうがベタつきませんし、髪が健康になり、コシが出ます。美しいヘアスタイルをいつまでも楽しみたいなら、まずは体に悪い物質を断つことです。

あなたの髪は大丈夫？ 薄毛をつくる６つの習慣

過度な清潔志向、巷にあふれる美容情報などの影響で、誤った洗髪法をしていないだろうか？　あてはまるものにチェックをつけてみよう。

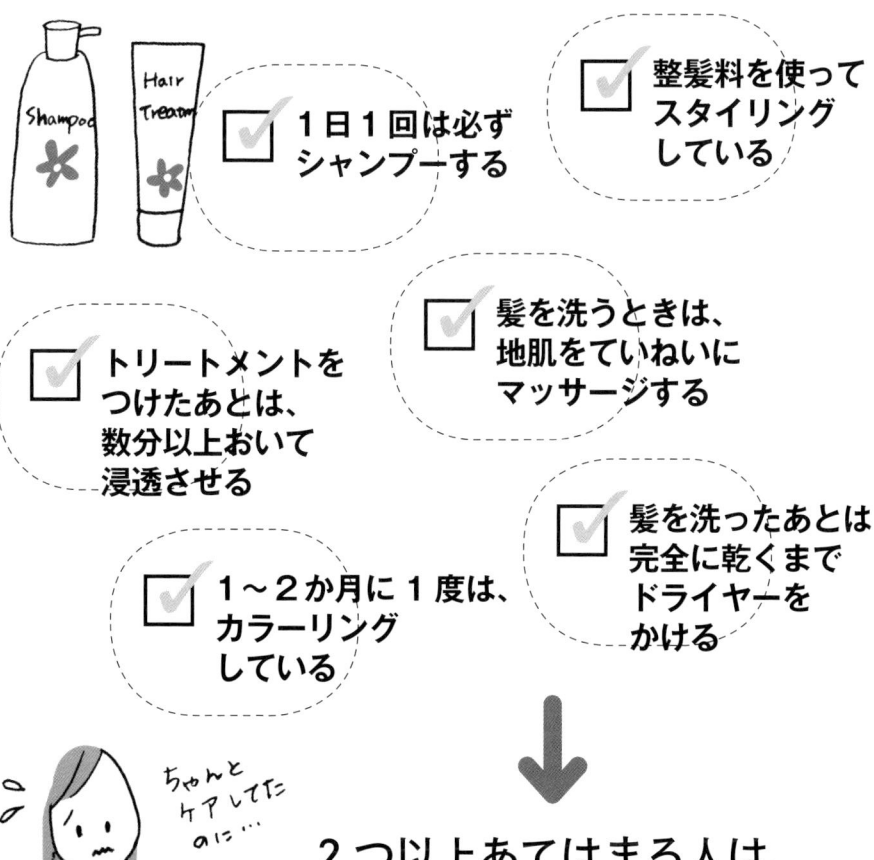

- 1日1回は必ずシャンプーする
- 整髪料を使ってスタイリングしている
- 髪を洗うときは、地肌をていねいにマッサージする
- トリートメントをつけたあとは、数分以上おいて浸透させる
- 髪を洗ったあとは完全に乾くまでドライヤーをかける
- 1～2か月に1度は、カラーリングしている

2つ以上あてはまる人は、薄毛予備群！

現状のケアを続けていると、やがては薄毛に……。髪、頭皮だけでなく、顔の肌にも悪影響。チェックがついた項目は、すぐにあらためよう。

ヘアケア

毎日のシャンプーで頭皮のバリアがボロボロに

界面活性剤が、頭皮ダメージの原因になる

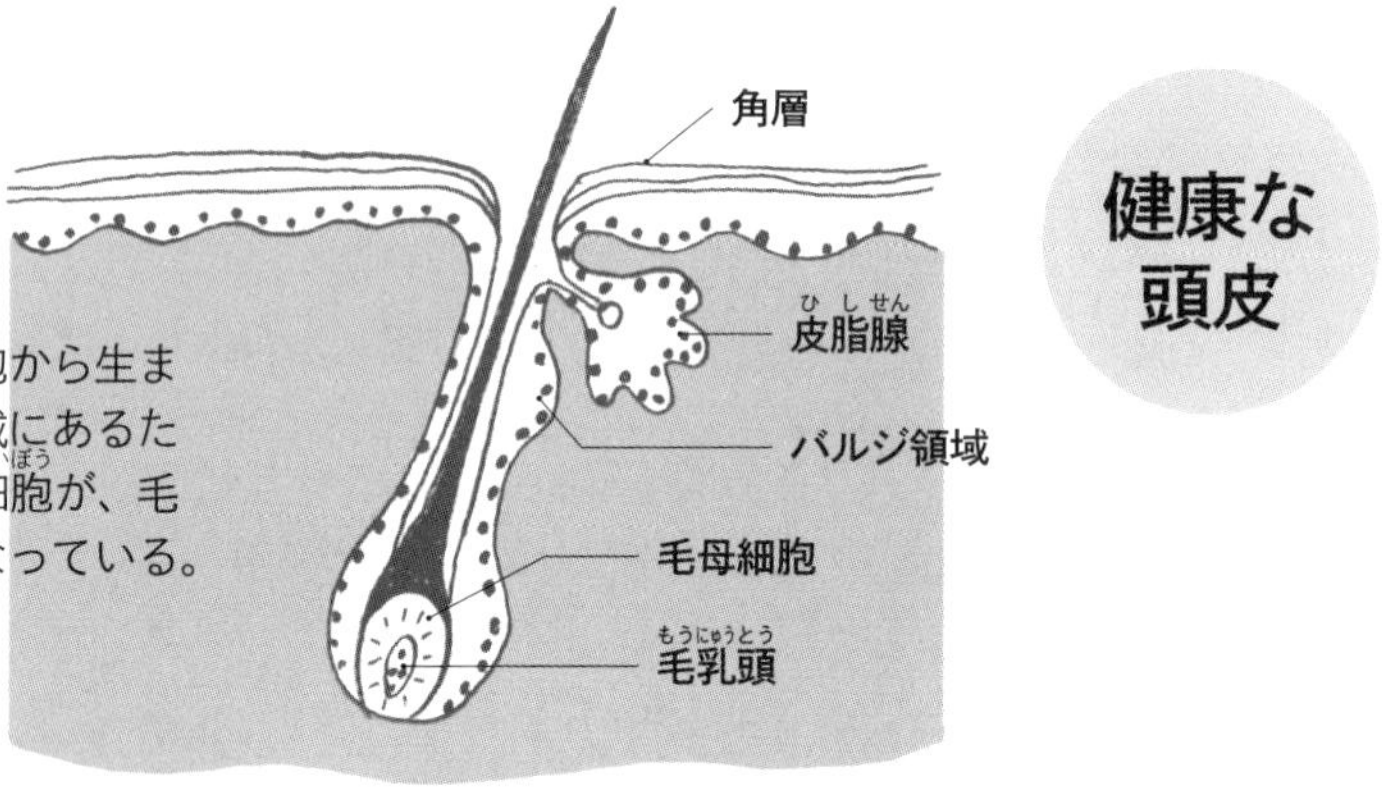

髪の毛は毛母細胞から生まれる。バルジ領域にあるたくさんの毛根幹細胞《もうこんかんさいぼう》が、毛母細胞のもととなっている。

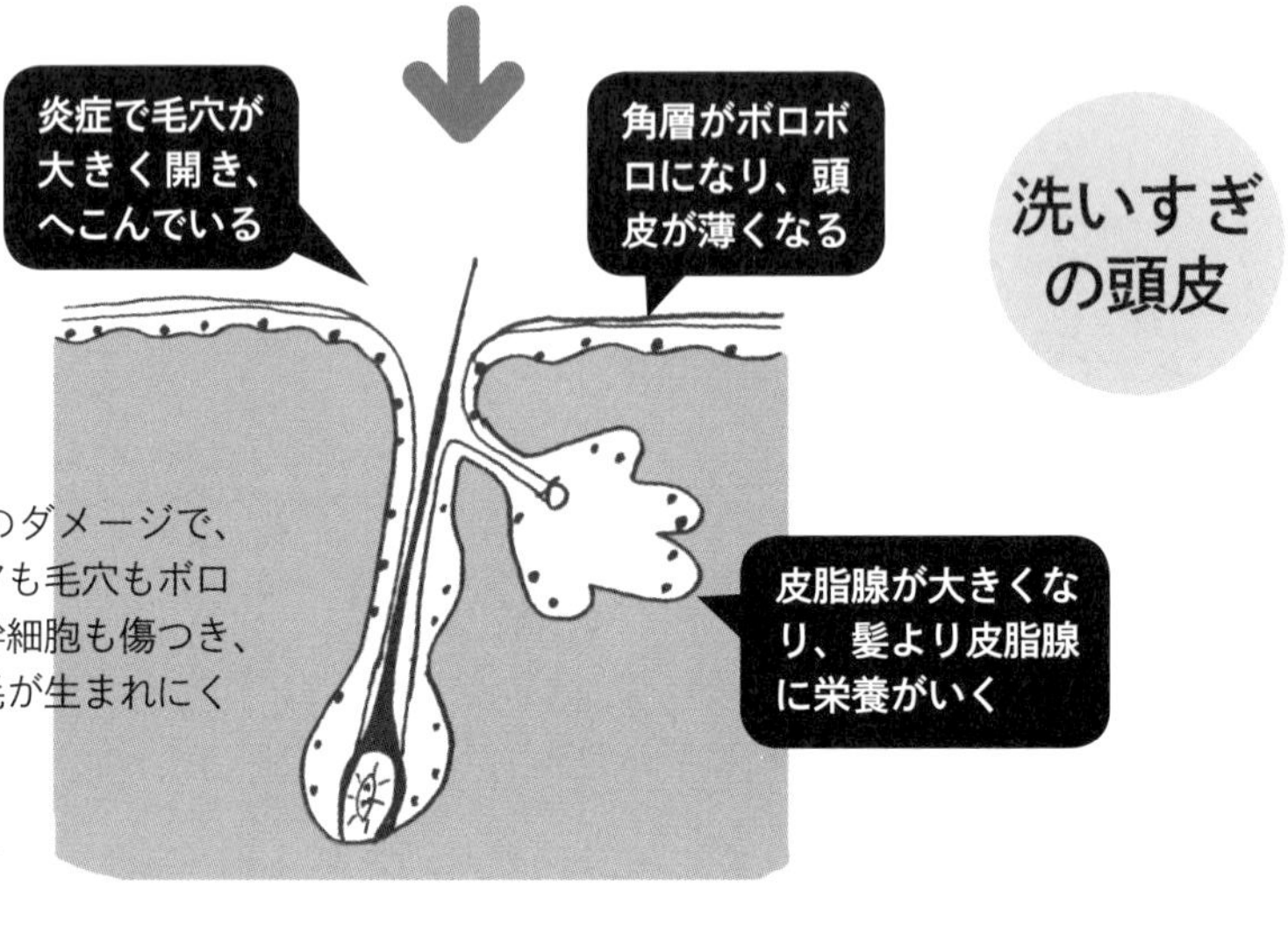

界面活性剤のダメージで、頭皮のバリアも毛穴もボロボロ。毛根幹細胞も傷つき、新しい髪の毛が生まれにくくなる。

毛穴が大きく界面活性剤が入りやすい

頭皮の毛穴のサイズは、顔の毛穴の10倍以上。約10万個もの大きな毛穴から、界面活性剤などの化学物質が吸収される。

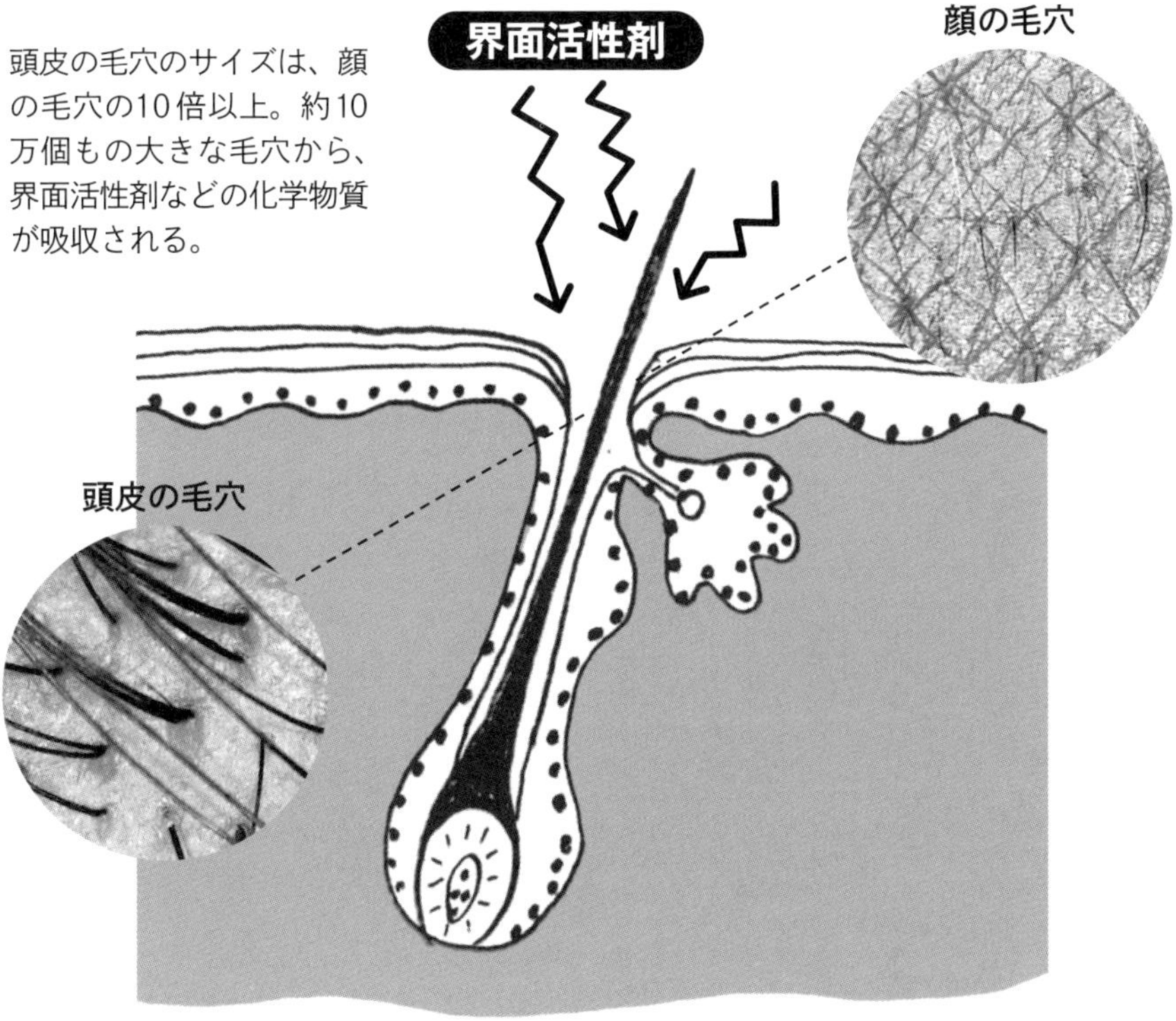

頭皮も顔も肌バリアの構造は同じ

頭皮の基本構造は、顔と同じ。毛穴のサイズや数が違うだけです。界面活性剤《かいめんかっせいざい》を毎日すりこんでいると、肌バリアは根底から壊れ、乾燥が進みます。

壊れた肌バリアがもとに戻るには、最低でも3～4日間は必要。毎日シャンプーをしていたら、肌バリアが再生する間もありません。

皮膚が萎縮して薄くなり、毛根がしっかり根をはることができません。根をのばそうとしても、その下の頭蓋骨につかえてしまいます。

髪の毛をつくる毛母細胞《もうぼさいぼう》も傷つくので、健康で太い髪が生えにくくなります。

ヘアケア

皮脂のとりすぎで細くコシのない髪になる

髪には天然のワックスがついている

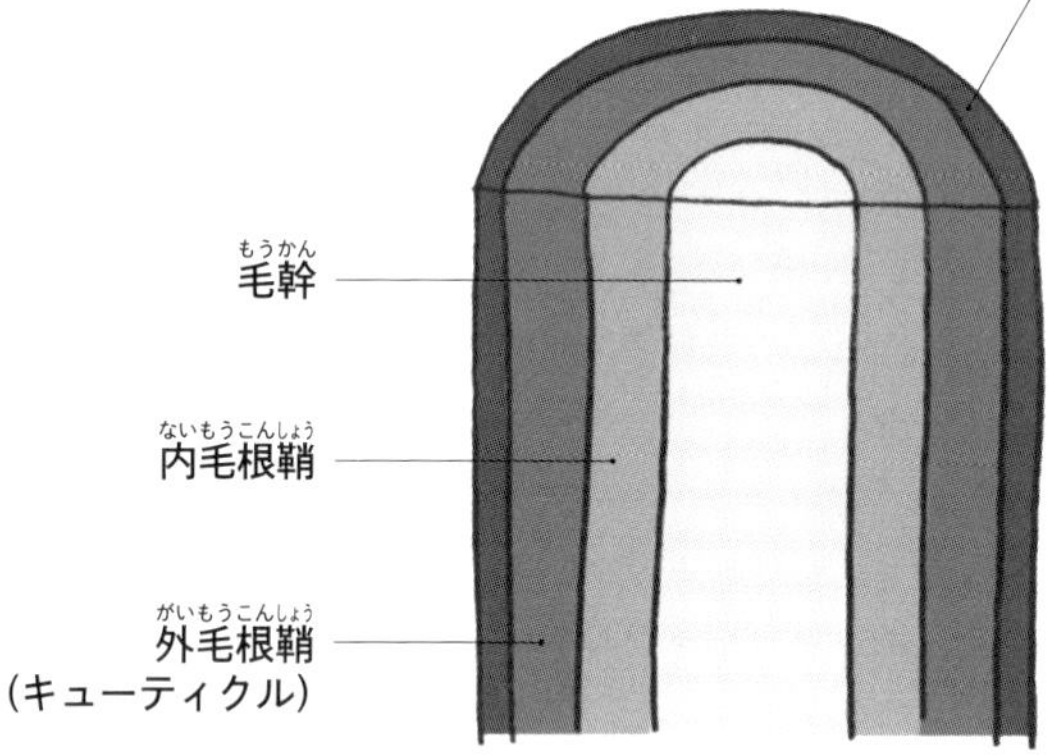

髪の毛は3層構造でできている。表面は皮脂のコーティングでおおわれ、異物の侵入や乾燥から髪を守っている。

シャンプーのたびにキューティクルがはがれる

シャンプーで洗うと皮脂が落ちて、髪も頭皮もさっぱりします。

しかし皮脂をごっそりとり去ると、皮脂を補うために皮脂腺《ひしせん》が大きくなります。毛母細胞《もうぼさいぼう》に届くはずの栄養が皮脂腺にいってしまい、毛母細胞の栄養が不足します。すると健康な髪が生えにくくなり、うぶ毛のような細い毛ばかりがつくられます。

ひとつの毛穴からは通常2〜3本の毛が生えているのですが、そのうちの1本が細い毛になり、やがてはすべての毛が細くなります。

しかも頭皮からは大量の皮脂が出て、時間とともに酸化し、頭皮や髪の不快なニオイが強まります。

トリートメント類にも、乳化剤として界面活性剤《かいめんかっせいざい》が含まれている。使うほどキューティクルが傷つき、さらなるケアを要するという悪循環におちいる。

シャンプーをやめないとダメージの悪循環が続く

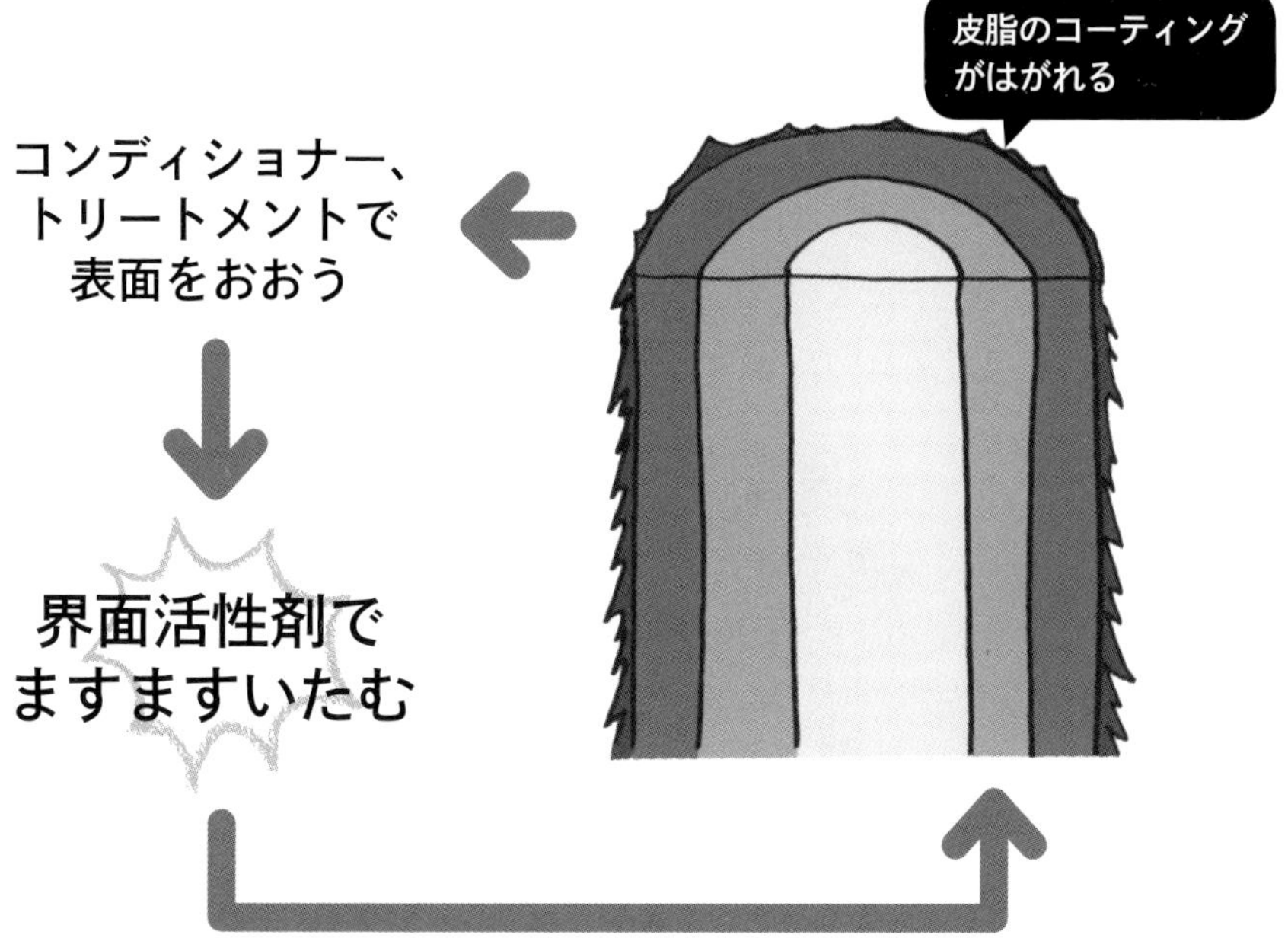
皮脂のコーティングがはがれる
コンディショナー、トリートメントで表面をおおう
界面活性剤でますますいたむ

シャンプーのたびに天然のワックスがはがれる

髪をお湯だけで洗うと、髪に必要な適量の皮脂が残ります。

健康な髪は適量の皮脂でおおわれ、外部刺激や乾燥から守られています。髪をおおう皮脂は、脂肪酸、スクワレン、ワックスなどのさまざまな油性成分が混ざったもの。酸化脂質などは水で簡単に落ちますが、ワックスなどは1年以上髪表面にとどまり、うるおいを守り続けています。

シャンプーで洗うと、ワックスをはじめとする良質の皮脂まではがれ落ち、髪が乾燥してしまいます。

トリートメントをしても、表面が劣化しやすくなるだけ。うるおいを保つ効果はありません。

ヘアケア

33℃以下のぬるま水で汚れを落とす

頭皮と髪が健康になる、正しい「湯シャン」法

ブラシで汚れを落とす

洗髪前にブラッシングして汚れを落とすと、ベタつきやニオイ、かゆみを防げる。ロングヘアの人はとくに念入りに。

ブラシはこまめに水洗いする

汚れをざっと落とす

33℃以下のぬるま水をシャワーであて、頭皮と髪の汚れを落とす。ロングヘアの人は、ブラシでとかしながら流してもいい。

地肌マッサージはNG。洗顔同様、やさしく洗う

シャンプーを使わずに洗髪することを、最近は「湯シャン」というそうです。アメリカでも「ノー・プー」といわれ、話題になっています。

湯シャンをするときは、頭皮の表面温度と同じ33℃以下のお湯（ぬるま水《みず》）を使います。余分な皮脂、汗はこの温度でキレイに落ちます。

38℃以上だと、皮脂が落ちて頭皮が乾燥します。冬の寒い日でも、36〜37℃までにとどめてください。洗いかたは、ぬるま水をシャワーであて、汚れを洗い流すだけ。

頭皮をもう少していねいに洗いたいときは、肌バリアを壊さないように、指の腹でそっとなでます。

Column スカルプブラシは薄毛のもと

「毛穴をキレイにすると、薄毛や抜け毛が防げる」というのは迷信。スカルプブラシなどで頭皮をマッサージすると、毛穴の入口や肌バリアが壊れ、薄毛が進行します。

指の腹で頭皮を洗う

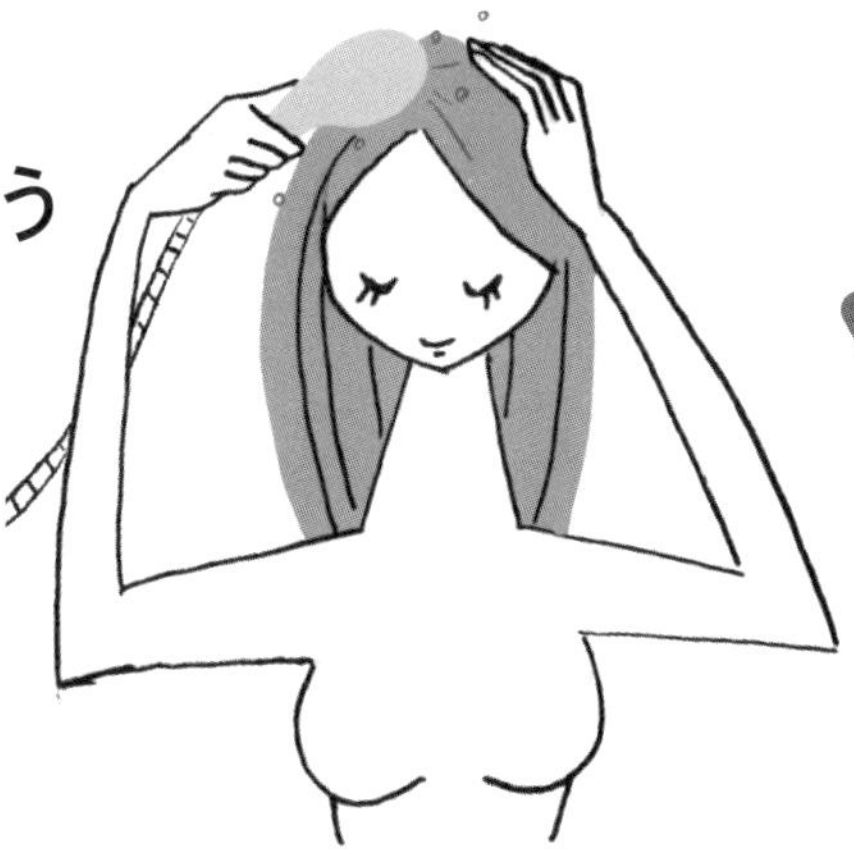

豆腐やプリンの表面をなでるつもりで、指の腹でやさしく地肌を洗う。肌バリアを壊さないよう、サッとなでるだけで十分。

タオルドライ＆自然乾燥

タオルで髪をくるみ、軽く押さえる、たたくなどして、水分をできるだけ吸いとる。ショート、ボブの人は、タオルドライだけで十分。

ドライヤーで乾かすとキューティクルが傷つく

シャワーで汚れを落としたら、タオルドライして終了。ドライヤーはなるべく使わないようにします。

髪の毛はケラチンとよばれるたんぱく質でできていて、60℃以上の熱にふれると変性してしまいます。また、髪を完全に乾かそうとすると、表面のキューティクルが先に乾いてめくれ上がり、内部の水分が蒸発するおそれがあります。

どうしてもドライヤーを使いたければ、負担の少ない使いかたを。

頭皮から15㎝以上離して、温風と冷風を交互にあてます。髪の根もとから乾かし、毛先が少し湿った状態でやめるのもポイントです。

ヘアケア

ベタつきが気になったら お湯か純石けんで洗う

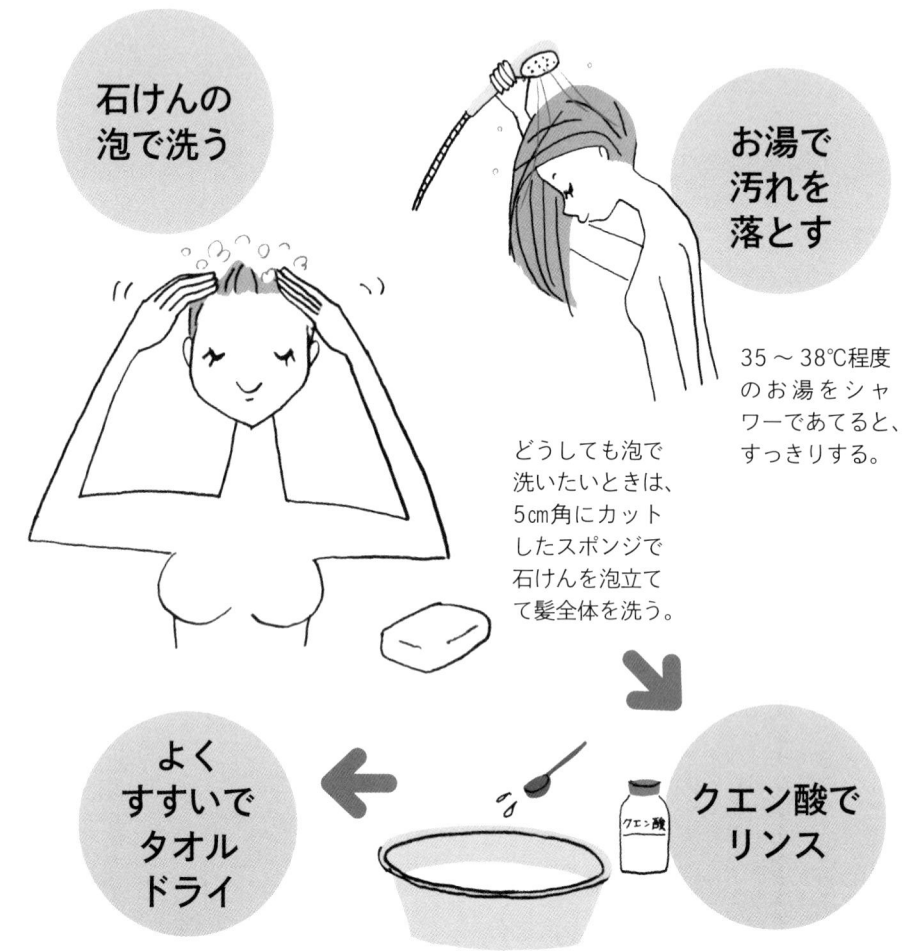

お湯で汚れを落とす

35～38℃程度のお湯をシャワーであてると、すっきりする。

石けんの泡で洗う

どうしても泡で洗いたいときは、5㎝角にカットしたスポンジで石けんを泡立てて髪全体を洗う。

クエン酸でリンス

石けんの使用後、指どおりをよくしたい場合は、洗面器１杯分のぬるま水に、小さじ½のクエン酸を入れて髪全体にいきわたらせる。

よくすすいでタオルドライ

時間をおかずにすぐ洗い流す。成分が残らないようていねいに流し、タオルでざっと乾かす。

無理なくはじめる脱シャンプーのコツ

ニオイがでたら
教えてね！

Step 1 シャンプーをやめる

合成シャンプー剤をやめて、右ページのようにお湯か純石けんで毎日洗う。

Step 2 週末だけぬるま水洗い

人に会わない週末などに、ぬるま水《みず》で洗う。ぬるま水でも、ニオイやベタつきが気にならないことを確認。

Step 3 1日おきにぬるま水洗い

純石けんの日、ぬるま水で洗う日を交互に設ける。慣れたら2～3日に1度だけ純石けんで洗う。

Step 4 毎日ぬるま水だけで洗う

純石けんを完全にやめて、毎日ぬるま水で洗う。慣れたら、まったく洗わない日も設ける。

抵抗がある人は純石けんからはじめ、徐々に回数を減らしていく。ニオイが心配なら、30㎝くらい離れた距離で、家族や友人にかいでもらおう。

抵抗がある人は純石けんからスタート

湯シャンをはじめてすぐはベタつき、かゆみが気になることがあります。皮脂腺《ひしせん》（↓P75）が肥大し、過剰な皮脂が出ているためです。

3週間ほどたつと皮脂の分泌量が減りはじめ、ベタつきもかゆみもおさまってきます。

どうしてもがまんできないときは、35℃以上のお湯で洗うか、純石けん（↓P40）で洗うとすっきりします。35～42℃のお湯には、石けんと同等の洗浄効果があり、かつ石けんより肌にやさしいと考えられます。

脱シャンプーが不安な人は、35～38℃のお湯からはじめて、湯の温度を徐々に下げていくとよいでしょう。

整髪料をやめて天然ワックスでまとめる

生え変わりが進むとツヤのある美髪になる

湯シャンを続けるうちに、頭皮のベタつきやニオイはなくなり、いままでより快適に過ごせるようになります。過剰なフケに悩まされていた人も、頭皮が健康になり、フケが出にくくなります。

一方、髪の状態がよくなるには、もう少し時間がかかります。

髪は死んだ細胞なので、ケア法を変えても、すぐにはよみがえりません。新しい髪が生まれて伸びるまで、がまんして待ちましょう。

10㎝ほど伸びると、髪が美しくなり、クシどおりもよくなります。ボブスタイルの人なら、1年後にはかなり回復しているはずです。

髪がゴワゴワしたらワセリン、ビタミンAを使う

スタイリング剤にも、髪や頭皮に害のある成分が含まれています。洗い流さないトリートメントも同じ。できるだけ使わないでください。

ただしシャンプーをやめてすぐは、ゴワつきが気になることもあります。どうしても何かつけたいときは、ワセリンを米粒1～2粒分つけます。

一時的な使用なら、ドラッグストアで市販されているビタミンAの原液でもかまいません。スポイト2～3滴分を手になじませ、毛先を中心につけます。

髪と頭皮が完全に再生すれば、ワセリンもビタミンAも使わずに、キレイにまとまるようになります。

ヘアスタイル別・スタイリングのコツ

ストレートヘア

髪のキューティクル、皮脂のコーティングが回復すると、髪どうしが反発せず、しっとりまとまるようになる。

外出前にていねいにブラッシングするだけでOK。

好みの香料を少量だけつけてもいい

ウェーブヘア

パーマ剤によるダメージなどで、まとまりにくいことがある。毛先を中心にワセリンやビタミンAを少量だけつける。

Column 毛先に香水をひとふりし、香りを楽しむ

お湯だけで髪を洗っていると、シャンプーやトリートメントのよい香りが恋しくなることもあります。慣れるまでは、香水を毛先にひとふりしてもよいでしょう。髪がなびくたびに、ほのかな香りが漂います。

カラーリングは最小限に。ヘアマニキュアなら害が少ない

髪を染めると1～2か月は炎症が続く

カラーリングをくり返していると、頭皮や髪の状態がよくなるまで、時間がかかります。

とくにヘアカラーは、髪をひどくいためます。髪のメラニン色素を分解し、染料を入れるためです。

自分では気づかなくても、頭皮の炎症が起きていることがほとんどです。毛根が傷つき、薄毛の原因にもなります。含有成分の中には、発がん性が指摘されているものもあります。

ヘアカラーをひんぱんにしている人は、一度、マイクロスコープで頭皮を見てみましょう。毛穴が赤くはれ、角質細胞（→P74）がめくれ上がっていることがあります。

カラーリングをやめると肌もキレイになる

どうしてもカラーリングしたい人は、ヘアマニキュアかヘナを使いましょう。悪影響はありますが、ヘアカラーよりは刺激が少ないようです。

カラーリングのダメージは、顔やボディの皮膚にもおよびます。

とくに額、耳、首、背中の皮膚は、洗髪のたびに染毛料が流れ、炎症が起こります。症状が出やすいのは、染めて1～2週間以内ですが、完全に治るには1～2か月かかります。

炎症によって顔のメラニンが増え、シミができるおそれもあります。

カラーリングをきっぱりやめるか、回数を少なくすれば、肌はもっとキレイになります。

実践！ 湯シャン Q&A

Q 湯シャンで、フケが増えました。続けていて平気ですか？

A ターンオーバーの正常化なので、心配いりません

　フケは、不要になった角質細胞。ターンオーバー（→ P85）が正常化すると、不要な角質細胞がはがれやすくなり、フケが増えたと感じることがあります。顔の角質細胞が垢《あか》としてはがれるのと同じで、適量のフケは皮膚の正常な反応です。

　ただし大粒のフケが大量に出て、かゆみをともなう場合は、脂《し》漏性《ろうせい》皮《ひ》膚《ふ》炎《えん》かもしれません。皮膚科で診てもらいましょう。

Q せっかく湯シャンを続けているのに、美容院でシャンプーされてしまいます

A 「かぶれるので」と断るか、マイ石けんを持参しましょう

「何もつけないスキンケア、ヘアケアをしている」と話してもいいのですが、理解してもらえず、話がややこしくなることも。「どんな成分を使ってもかぶれるので」といって、お湯で洗ってもらいましょう。「お湯だけでは洗えない」といわれたら、純石けんでできた石けんシャンプーなどを持参してください。

参考文献

『Advanced Cosmetic Dermatology ①　美白戦略　しみ・くすみを消し、美しく白い肌をめざす』
宮地良樹・松永佳世子・宇津木龍一編（南江堂）

『Advanced Cosmetic Dermatology ②　しわ・たるみを取る　患者の満足度を高める治療法のすべて』
宮地良樹・松永佳世子・宇津木龍一編（南江堂）

『Advanced Cosmetic Dermatology ③　スキンケアを科学する　皮膚本来の機能を発揮させる
セルフメディケーション』今村修平・宮地良樹・松永佳世子・宇津木龍一編（南江堂）

『Advanced Cosmetic Dermatology ④　メディカルヘアケア　QOL を高めるために』
板見 智・宮地良樹・松永佳世子・宇津木龍一編（南江堂）

「家表法および化管法に規定する界面活性剤名称の対比表」（日本石鹸洗剤工業会ホームページ）

『傷はぜったい消毒するな　生態系としての皮膚の科学』夏井 睦著（光文社）

『Q&A で学ぶ　美容皮膚科ハンドブック』古川福実編（メディカルレビュー社）

『菌子ちゃんの美人法　自分の「菌」でキレイになる、育菌ライフのすすめ』青木 皐著（WAVE 出版）

「化粧品の構成成分」（独立行政法人 製品評価技術基盤機構ホームページ）

『自然流「せっけん」読本』森田光德著（社団法人 農山漁村文化協会）

『シャンプーをやめると、髪が増える　抜け毛、薄毛、パサつきは“洗いすぎ”が原因だった！』

宇津木龍一著（角川書店）

『人体常在菌のはなし』青木 皐著（集英社）

『肌断食――スキンケア、やめました』平野卿子著（河出書房新社）

『「肌」の悩みがすべて消えるたった 1 つの方法』宇津木龍一著（青春出版社）

『美人延命』宇津木龍一著（主婦の友社）

『美容皮膚科学　改訂 2 版』日本美容皮膚科学会監修、
宮地良樹・松永佳世子・古川福実・宇津木龍一編（南山堂）

『FOR BEGINNERS SCIENCE ⑥　最新 危ない化粧品』日本消費者連盟著（現代書館）

「平成 18 年度 調査報告書　化粧品類の安全性等に関する調査」（東京都生活文化局消費生活部）

『ミクロのスキンケア――自宅でできる究極の美肌メソッド――』宇津木龍一著（日経 BP 企画）

宇津木龍一（うつぎ・りゅういち）

クリニック宇津木流 院長。

1980年、北里大学医学部卒業。同大学形成外科学教室講師、ペンシルバニア大学形成外科非常勤講師、北里研究所病院美容外科・形成外科部長などを経て、日本で最初のアンチエイジング専門施設・北里研究所病院美容医学センターを創設。センター長に就任する。2007年より現職。日本では数少ない眼瞼下垂とフェイスリフト手術専門の美容形成外科医として、シミ、シワ、たるみなどの予防と治療に特化して取り組んでいる。

著書に『「肌」の悩みがすべて消えるたった1つの方法』（青春出版社）、『シャンプーをやめると、髪が増える　抜け毛、薄毛、パサつきは“洗いすぎ”が原因だった！』（角川書店）などがある。

▶**質問は下記へ**
クリニック宇津木流　MAIL：info@clinic-utsugiryu.jp

カバー・本文デザイン　栗山エリ（ameluck + i）
本文イラスト　やのひろこ
校正　滄流社
DTP　明昌堂
編集協力　オフィス２０１（川西雅子）
編集担当　黒坂 潔

化粧品を使わず美肌になる！ ── 石けんとワセリンだけでOK

著　者　宇津木龍一
編集人　新井 晋
発行人　黒川裕二

印刷所　太陽印刷工業株式会社
製本所　小泉製本株式会社

発行所　株式会社主婦と生活社
〒104-8357　東京都中央区京橋 3-5-7
TEL　03-3563-5135（編集部）
TEL　03-3563-5121（販売部）
TEL　03-3563-5125（生産部）

振　替　00100-0-36364

ISBN 978-4-391-14380-5